PERIPHERAL VISION

周边视野

——探测引发公司成败的弱信号

〔美〕乔治·S.戴 著
　　保罗·J.H.休梅克

杨大蓉　康蓉　译
康蓉　审校

商务印书馆
2011年·北京

Peripheral Vision

Detecting the Weak Signals That Will Make or Break Your Company

Copyright ©2006 George S. Day & Paul J. H. Schoemaker.

Published by arrangement with Harvard Business School Press.

图书在版编目(CIP)数据

周边视野:探测引发公司成败的弱信号/(美)戴,(美)休梅克著;杨大蓉,康蓉译. —北京:商务印书馆,2011
ISBN 978-7-100-06808-6

I. 周… II. ①戴…②休…③杨…④康… III. 企业管理 IV. F270

中国版本图书馆 CIP 数据核字(2009)第 195476 号

所有权利保留。
未经许可,不得以任何方式使用。

周 边 视 野
——探测引发公司成败的弱信号
〔美〕乔治·S. 戴　保罗·J. H. 休梅克 著
杨大蓉　康 蓉 译
康 蓉 审校

商 务 印 书 馆 出 版
(北京王府井大街36号 邮政编码 100710)
商 务 印 书 馆 发 行
北京瑞古冠中印刷厂印刷
ISBN 978-7-100-06808-6

2011年12月第1版　　　开本 700×1000　1/16
2011年12月北京第1次印刷　印张 16
定价:36.00元

商务印书馆—哈佛商学院出版公司经管图书翻译出版咨询委员会

（以姓氏笔画为序）

方晓光　　盖洛普（中国）咨询有限公司副董事长
王建铆　　中欧国际工商学院案例研究中心主任
卢昌崇　　东北财经大学工商管理学院院长
刘持金　　泛太平洋管理研究中心董事长
李维安　　南开大学商学院院长
陈国青　　清华大学经管学院常务副院长
陈欣章　　哈佛商学院出版公司国际部总经理
陈　儒　　中银国际基金管理公司执行总裁
忻　榕　　哈佛《商业评论》首任主编、总策划
赵曙明　　南京大学商学院院长
涂　平　　北京大学光华管理学院副院长
徐二明　　中国人民大学商学院院长
徐子健　　对外经济贸易大学副校长
David Goehring　哈佛商学院出版社社长

致中国读者

哈佛商学院经管图书简体中文版的出版使我十分高兴。2003年冬天，中国出版界朋友的到访，给我留下十分深刻的印象。当时，我们谈了许多，我向他们全面介绍了哈佛商学院和哈佛商学院出版公司，也安排他们去了我们的课堂。从与他们的交谈中，我了解到中国出版集团旗下的商务印书馆，是一个历史悠久、使命感很强的出版机构。后来，我从我的母亲那里了解到更多的情况。她告诉我，商务印书馆很有名，她在中学、大学里念过的书，大多都是由商务印书馆出版的。联想到与中国出版界朋友们的交流，我对商务印书馆产生了由衷的敬意，并为后来我们达成合作协议、成为战略合作伙伴而深感自豪。

哈佛商学院是一所具有高度使命感的商学院，以培养杰出商界领袖为宗旨。作为哈佛商学院的四大部门之一，哈佛商学院出版公司延续着哈佛商学院的使命，致力于改善管理实践。迄今，我们已出版了大量具有突破性管理理念的图书，我们的许多作者都是世界著名的职业经理人和学者，这些图书在美国乃至全球都已产生了重大影响。我相信这些优秀的管理图书，通过商务印书馆的翻译出版，也会服务于中国的职业经理人和中国的管理实践。

20多年前,我结束了学生生涯,离开哈佛商学院的校园走向社会。哈佛商学院的出版物给了我很多知识和力量,对我的职业生涯产生过许多重要影响。我希望中国的读者也喜欢这些图书,并将从中获取的知识运用于自己的职业发展和管理实践。过去哈佛商学院的出版物曾给了我许多帮助,今天,作为哈佛商学院出版公司的首席执行官,我有一种更强烈的使命感,即出版更多更好的读物,以服务于包括中国读者在内的职业经理人。

在这么短的时间内,翻译出版这一系列图书,不是一件容易的事情。我对所有参与这项翻译出版工作的商务印书馆的工作人员,以及我们的译者,表示诚挚的谢意。没有他们的努力,这一切都是不可能的。

哈佛商学院出版公司总裁兼首席执行官

万季美

各家评论

本书应该成为针对高层管理人员学习创新问题的必读书籍。这本书里所阐述的理念已经在领导者身上取得了明显的效果，毫无疑问地增强了他们面对危机的能力，显著地拓宽了他们的周边视野。

——BB&T公司董事长兼首席执行官　约翰·艾利森

随着新技术和新竞争对手的不断涌现，管理者和公司必须发掘一些新的方法，来寻找那些存在于周边视野的微弱信号。这本书为我们提供了一个大胆和实用的方法，帮助我们重新思考如何感知，如何仔细思量以及如何针对周围存在的威胁和机会，作出正确的决策。

——宝洁公司创新与知识部副部长　拉里·休斯顿

如今的管理者要不断地饱受煎熬，环境中难以预料的因素会随时蒙蔽他们的眼睛，让他们无法及时识别潜在的威胁和机会。戴和休梅克为缓解这种焦虑提供了第一个完整、全面的框架。本书简单易懂、逻辑性强、具有可操作性。本书超越了传统模式，为读者提供了一种扩展战略性思维的系统方法。

——首域投资公司执行副总经理　桑基瓦·米尔查达尼

戴和休梅克的分析框架具有创新性，因为它不仅对企业组织瘫痪的原因进行了诊断，而且为如何拓宽公司狭窄的周边视野提供了一种简单的方法和一整套工具。这恰恰是那些"自立型"的企业管理者在应对"未知之谜"时所需要的。这本书为企业的自我诊断提供了一种有效的调查方法，而且针对如何增强关键的组织能力提供了实用的建议，让你未来不会再猝不及防。这本书与经营中的组织领导、参与创业以及涉及新兴市场的组织领导都密切相关。对于那些未来的领导者来说，这是一本必读之书。

——飞利浦电子公司固态照明分公司
副总裁兼总经理戈维·拉奥

所有企业领导都知道，聚焦和执行是经营的关键环节，本书为你提供了一个特殊的视角，指导你如何发掘存在于企业焦点之外的重要机会。

——美国保险、纽约人寿保险公司副总裁　特德·马塔斯

引言　弥补警惕性缺失的七个步骤…………… 1

开拓周边视野的方法…………………………… 3

期望和警醒……………………………………… 6

第一章　周边视野的重要意义………………… 9

狭窄的周边视野带来的影响…………………… 12

警惕性缺失……………………………………… 16

周边视野如何起作用…………………………… 19

提高周边视野的掌控能力……………………… 23

第二章　锁定范围——应该向何处看………… 27

锁定范围这项任务面临的挑战………………… 28

提出合适的问题………………………………… 32

从过去的经营中学习…………………………… 33

观察企业目前的状况…………………………… 37

想象一下企业新的未来………………………… 44

结论：望远镜和显微镜………………………… 48

第三章　扫描——如何查看…………………… 51

主动扫描 …………………………………………… 52
周边视野中特定区域的扫描策略 ………………… 54
扫描准则 …………………………………………… 70

第四章 解读——数据意味着什么 ……………… 73

蓦然成像 …………………………………………… 76
三角测量的重要性 ………………………………… 78
我们为什么会思想僵化 …………………………… 84
改善意义建构 ……………………………………… 91
结论 ………………………………………………… 94

第五章 探查——如何更仔细地探索 …………… 95

适可而止 …………………………………………… 97
利用情景来探查信息的含义 ……………………… 99
寻求更广泛的信息 ………………………………… 10
设计实验和方案 …………………………………… 10
结论：快刀斩乱麻 ………………………………… 11

第六章 采取行动——如何处理这些信号 ……… 11

在情况不确定时采取行动的战略 ………………… 11

先发优势的局限性 …………………………………… 126
知道何时去学习或飞跃 ………………………………… 128
穿过浓雾向前进 ………………………………………… 130

第七章　组织——如何保持警惕性 ……………… 133

掌控周边视野能力的五项要素 ………………………… 136
结论：综合考虑 ………………………………………… 151

第八章　领导——行动方案 ……………………… 155

挖掘或者留意周边视野信息 …………………………… 157
关于周边视野的六点教训 ……………………………… 161
改进的方案 ……………………………………………… 163
适者生存 ………………………………………………… 171

附录 A　战略眼光测试——你的公司的警惕性
　　　　缺失点在哪里 ………………………………… 173

战略眼光测试 …………………………………………… 175
战略眼光测试的结果比较 ……………………………… 179

附录 B　理论综述 ………………………………… 183

信息处理范例……………………………………………… 184
组织的学习范例…………………………………………… 186
学习过程的步骤…………………………………………… 187
其他的相关书籍…………………………………………… 195

附录 C　关于企业视觉这一比喻的相关解释…… 197

视野的工作原理…………………………………………… 198
这种比喻方法存在的局限性……………………………… 203

注释………………………………………………………… 205

致谢………………………………………………………… 237

作者简介…………………………………………………… 241

引言　弥补警惕性缺失的七个步骤

即使在你一心一意专注于经营自己的企业,仍然要面对大量的弱信号,它们就在你的周围。例如,你们公司亚太区域销售经理带来了一则有关新竞争对手的消息,让人听后心生不安;或者你会从报纸上获悉,一些人首创性地尝试在皮下植入射频身份识别牌(RFID),在紧急情况下,它能够传送人们的身份和就医信息;也许你了解到一位愤愤不平的消费者撰写的网络日志(博客)正在引起人们的广泛关注。对你的公司而言,这些信号意味着什么呢?大量的弱信号哪些是值得你进一步关注的,哪些又是你可以不予理会的呢?世界变得越来越复杂,变化的速度越来越快,于是对周边视野的掌控能力对于公司的成功显得尤为重要,有时甚至可以借此力挽狂澜。但是,从本质上看,周边视野并不是一个很清晰的概念。有很多不确定性,而且变幻莫测。关键在于要迅速识别出那些相关的信号,并进行更深层次的探究,排除干扰信号;比竞争对手更快地把握住机会,或者在危机演变成大麻烦之前发现其早期预警信号。你的公司决定接受这份艰巨的任务吗?

绝大多数组织都缺乏这种必不可少的周边视野掌控能力。"战略眼光测试"是专门为这个项目而开发的,它对从事全球业务的企业高管进

引言

行了调查,其中超过 80% 的高管都感到他们对周边视野的掌控能力达不到形势的需要。这种差距表现为一种警惕性缺失。你所在组织的警惕性有多高?或者换句话说,在过去 5 年中,企业内发生了多少次你未曾预料却造成了重大影响的事件?一项对 140 位企业战略专家的调查表明,有 2/3 的被访者承认,过去的 5 年中,他们的组织都面临过至少 3 次这样影响深远的危机局面。而且,97% 的被访者都认为,他们的企业缺乏防范意外的早期预警系统。[1]

虽然人的眼睛都拥有一个非常发达的掌控周边视野的系统,但是绝大多数组织却是紧紧聚焦在当前业务这个狭窄的范围内。这种注意力高度集中也许会给企业带来短期效益,但是它可能对企业的长远目标不利,尤其是在环境发生变化的时候更是如此。本该让人关注的那些弱信号有可能被一些不相关的和干扰性的信号蒙蔽。如果组织里有人认识到了早期预警信号的重要性,那么是不是其他人也都会接受到这个信号,或者理解这个信号呢?回想一下你曾经历过的一次突发事件,也许当时在你的企业中或者相关机构中,已经有人意识到了那些弱信号。但是你并不知道他们意识到了,而且他们也不知道你需要了解这个情况。对周边视野拥有很好的掌控并不仅限于感知,还要了解需要对哪些问题进行深入探究、如何解释这些弱信号,而且也要知道如果信号依旧模糊不清时,应该如何应对。

在各方高度依存的世界里,一石可能激起千层浪——例如,制药企业的高管们吃惊地发现他们所处的行业正日落西山;一些制造企业因来自中国和印度的低价竞争而面临倒闭;许多提供互联网服务的企业都没有发现网络搜索引擎的巨大潜力,直到谷歌将它们打得一败涂地。周边视野中的一些蛛丝马迹,能很快变成令人瞩目的焦点。上面这几个例子随处可见。这样的弱信号有可能导致非常悲惨的结局,例如美国发生的"9·11"恐怖袭击;也有可能产生非常积极的作用,引发创新,例如弗莱明(Fleming)发现的青霉素就是如此。

开拓周边视野的方法

本书的写作始于对一种挑战的思考,这种挑战就是企业及其管理者怎样才能及时地开发出一种显著的能力,使他们能够辨识出周边的弱信号,并作出回应。起初,我们是在沃顿商学院的马克技术创新中心展开的关于新兴技术的一项研究中寻找答案。2003年5月,我们邀请了一批杰出的学者,召开了关于周边视野的一次会议。[2]这次会议以及随后出版的专刊《长远规划》(*Long Range Planning*)提出了许多重要的新问题,让我们的思路更加清晰。研究中,我们发现周边视野这个比喻的提法非常好,可以帮助理解组织周边非常复杂且非常模糊的环境。

本书中,我们采用了视野这种比喻的提法,总结了我们自己的研究成果,并介绍了周边视野这个领域未来的发展趋势。我们分析了一些成功或失败地探究周边视野变动情况的实例。它们包括美味烘焙公司(Tasty Baking)如何澄清那些关于低碳水化合物食品的模糊信号;贝兹娃娃(Bratz)如何识别出少女的态度变化,从而推翻了芭比娃娃的行业霸主地位;面对消费者要求获得更加个性化的服务,殡葬业的管理人员如何回应;还有随着发光二极管照明技术的产生,照明设备行业面临哪些挑战等。我们引用了许多学科的新观点,包括战略、营销、组织理论、创新及新兴技术管理、行为决策理论以及新知学,而且我们还涉及许多应用领域,例如技术扫描、竞争性情报和营销调研等。最后,我们附上了"诊断测试问卷",这样你就可以对组织的现状以及开发周边视野的需求情况进行评估和分析(参见附录A)。

为了帮助提高对周边视野的掌控能力,我们特别对基础的组织流程和组织能力进行了研究分析。我们的研究借用了信息处理和组织学习的一般模型(参见附录B),但是我们特别关注周边视野中那些模糊的和不确定的信号。这样我们总结出理解周边视野和增强周边视野掌控能力的七步流程,图I-1所示为这个流程。

图I-1 弥补警惕性缺失的七个步骤

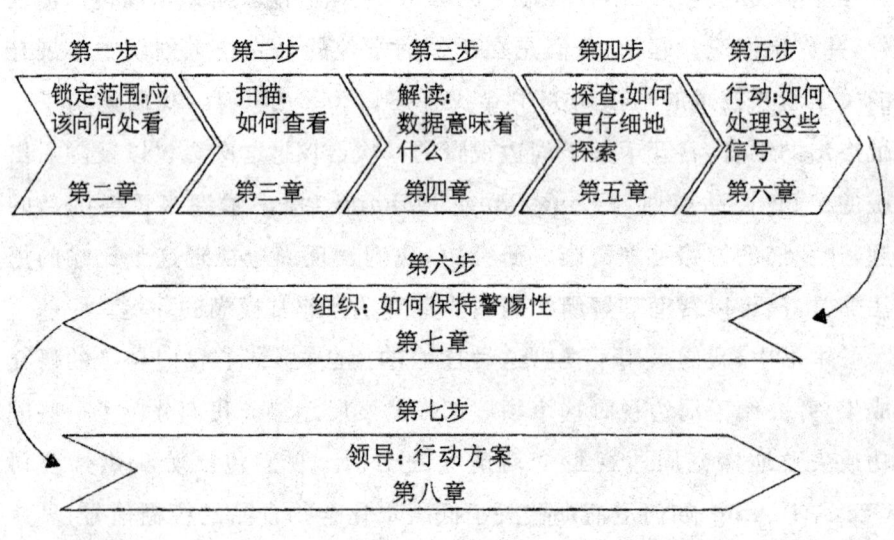

前五步聚焦于直接改进对周边弱信号的接收、解释和回应的过程。第一步,即确定范围,要明确关注的范围和重视的问题(第二章)。关注每一件事就等于没有关注任何事。管理人员可以通过回答一系列引导式问题,以确保他们关注的范围既不是太宽泛,也不是太狭窄,而且既不会错过重点,也不会茫然不知所措。在确定了初步范围之后,下一步就是怎样在选定区域中进行扫描(第三章)。扫描的焦点应该更多地放在探索相对熟悉的范围内呢,还是应该更多地放在探索未知领域呢?要深入探求崭新的领域,管理人员就必须实施不同的扫描战略。第三章介绍了在周边视野不同领域中发现信号的工具和方法,这些不同的领域涉及企业内部、客户及竞争对手、新兴技术,以及各种势力和影响人士。管理人员该如何在选定范围内进行扫描呢?

一旦企业开始在重要的领域里扫描,那么下一步就是弄清所发现的问题究竟意味着什么(第四章)。大量信息都是很模糊而且不完整的。对于人类而言,周边视野里的信号不仅颜色黯淡,而且还模糊不清。那么,企业如何把这些凌乱的、分散的信息有效地结合起来,如何诠释它从周边视野里看到的点点滴滴呢?这其间会出现哪些认知和组织上的偏差呢?其中一条战略就是,如果能从各种不同的角度出发,那么就能改进解读弱信号的效果,也就是说增加了深层次和更多角度的分析,这种做法和三维测量过程有些类似。

在初步解释的基础上,下一步就是进一步探究,更多地了解周边视野中发生的事情,并找到一个更好的视角(第五章)。这就需要形成合理的假设并了解如何测试它们是否存在。然后,企业就必须决定是否对周边视野里的信号采取行动,以及如何采取行动(第六章)。有的时候,企业同时面对威胁因素和机会因素,即使存在很高的不确定性,企业仍然必须作出决断。但是通常情况下,处理从周边视野传来的模糊信号时,需要的是一种贯彻实物期权思想的更为小心而且慎重的实时回应方式。

第一到第五步关注的是优化掌控周边视野能力的过程,而最后两步则聚焦于增强企业的组织能力和领导能力,来支持掌控周边视野。第六步中,掌控周边视野的过程成为了组织结构和文化的一个有机组成部分,这样做的目的是希望提高警惕型组织所需的组织能力(第七章)。最后,尽管组织中的每个人都可能在周边视野中扮演某个角色,但是我们的调查还是清楚地揭示出领导者所起的关键作用。如何提高领导力,促进组织敏感度的培养是最后这个步骤面临的挑战,第八章关注这个问题。这最后两步和前面几步相互联系,并最终定型。

引言

期望和警醒

后面各章会逐步向你展示,如何运用这些观点和其他一些方法来提高组织掌控周边视野的能力。我们从对周边视野的调查研究中形成了一些重要的观点,它们包括:

- 必须提出恰当的问题,来找到那个未知的领域,这样就可以明确业务范围。
- 必须兼顾主动扫描和余光视野(即非目的性的探索)两个方面,更加深入地探究这些焦点问题。
- 通常情况下,你还必须寻找新的信息来源或者新的扫描方法,才能挖掘周边视野中非常重要但却很隐蔽的信号。
- 可以采用"三维测量法"和其他多种方法,帮助你辨明周边视野中那些模糊的信号,并作出恰当的诠释。
- 通常情况下,必须积极主动地探寻和研究,才能更好地了解那些特别有利或特别不利的信号。
- 尽管有时必须立场坚定,但也要保持灵活性,寻求更合适的战略方案组合。
- 对周边视野的掌控能力是一种所有企业都能够培养和增强的能力,这点和所有人都能开发周边视野一样。
- 要对周边视野有很好的掌控,企业的领导者就必须拥有战略前瞻的能力,他们能够成为榜样,鼓励所有人积极投入、集思广益。

尽管我们的七步程序可以增强组织掌控周边视野的能力,但是一定要记住,周边视野并不是一个简单的事物。有效的周边视野掌控能力不可能简缩为一个标准的线性模型。它需要付诸实践，而且通过明智判断获得。理解周边视野和遵循程式不同，这个过程中，人们必须提出恰当的问题，而且适当地作出回应。它不是要预言未来，而是为未来作出明智的预期，并始终保持警惕。这本书将丰富你的战略思想，鼓励你发掘现有视野以外的领域。它将敦促你探索组织中未被关注的盲点。这种努力绝对是值得的。对周边视野很好的掌控能够帮助你更快地预测风险、看到机会；也能让你胜过那些懵懂的竞争对手，获得丰厚的回报。

第一章　周边视野的重要意义

"春天到来的时候,积雪首先在周边的区域融化,那是因为这个区域充分地暴露在阳光之下。"

——英特尔公司(Intel)[1]　安迪·格鲁夫(Andy Grove)

文斯·梅尔基奥雷(Vince Melchiorre)正在一家郊区的超级市场里巡视。他是费城美味烘焙公司的高级副总裁兼首席营销官。在查看货架上的商品时,有人和他说话了。说话的人是一位60多岁的女士,她正和她80多岁高龄的母亲一起购物。女士的母亲患有糖尿病,因此不能再享用她十分喜爱的公司的备受喜爱的甜品了。梅尔基奥雷先生回忆当时的情景时说:"母女俩在超市向我大声嚷嚷。这位母亲从孩提时代就开始吃我们的点心,如今,她还能像以前那样哼唱我们的宣传音乐小调,但是不能和以前一样吃她心爱的点心了。她们问我:'你们为什么不能想想办法呢?'这个问题让我醍醐灌顶,茅塞顿开。"[2]

2004年年初,由罗伯特·阿特金斯(Robert Atkins)博士发起的"低碳水化合物食品革命"风行一时。每个食品公司都制定了"低碳食品"战略,成千上万种新产品正在全面铺开。美味烘焙公司每天销售的"Tastykake"品牌的蛋糕、馅饼、饼干、油炸圈饼和其他甜糕点多达500万份。对这样的企业而言,不能不注意到低碳食品革命的影响。此时,

第一章

它的竞争者安特曼公司（Entenmann）正在建设自己的低碳水化合物产品生产线。但是，这个趋势到底意味着什么呢？美味烘焙公司的业务会日渐萎缩吗？或者，这场低碳饮食革命会不会仅仅是昙花一现呢？美味烘焙公司到底应该以多快的速度，用何种方法来作出反应呢？

梅尔基奥雷在超市与消费者邂逅的时候，美味烘焙公司正在创建其自己的"低碳水化合物食品"产品线，实施一个极其机密的产品项目，代号为"葛丽泰（Greta）"［即"葛丽泰低碳水化合物食品"（Greta Carbo）的简写，葛丽泰这个女影星的名字在这里一语双关。］公司的新任首席执行官查尔斯·皮齐（Charles Pizzi）努力推动向市场投放革新性的新产品，他把这个产品线当做是能使公司销售业绩起死回生的整体计划中的重要组成部分，该公司的销售业绩在2001年的时候曾经达到顶峰1.66亿美元。由新业务开发部部门经理卡伦·舒茨（Karen Schutz）领导的产品开发团队于2004年8月份也跟进推出了新的"低碳食品"，这将通常需要12至18个月的项目开发时间缩短了一半。

然而，梅尔基奥雷在超市与那两位女士相遇之后，他给他的团队提出了一个新主张：把低碳产品线转换为无糖产品线。这决不是一个简单易行的主张，因为此时开发团队已经完成了大量的实验，烘烤了很多低碳面包，这些面包即将投产，成为体现公司品牌价值的产品。把产品线改为无糖产品线就意味着重新设计产品的成分、重新试验，这就好比把一切推倒重来。梅尔基奥雷说："我们已经在低碳食品战略的路上走了一半，因此当我不得不去面见那些进行产品开发和营销的同事们时，那一天对我来说，并不美好。"

但是在梅尔基奥雷看来，局面已经非常清楚了。梅尔基奥雷先生说："我听取商场里摆放货物的员工和路过的顾客们的意见。她们一直不断抱怨说，他们喜欢吃我们的点心，但因为患有糖尿病而不得不放弃。我没有听到任何一个顾客向我反映说他们不能吃这些点心是因为他们正在采纳'低碳水化合物'节食计划。碳水化合物的问题的确很重要,但是糖显然具有更大的诱惑。"

梅尔基奥雷是金宝汤公司(Campbell Soup)的前任营销总监,他发现,人们嘴上说的想法和实际行动之间是有差异的。金宝汤公司以前开发出了无钠汤类产品线,但是最终眼睁睁地看着这个项目走向了失败。他说:"在调查时,顾客会说他们想要无钠的或者低碳的食品。但是一离开调查现场,他们还是趋之若鹜地奔向麦当劳,无所顾忌地吃呀喝呀。我在食品行业做了很久,经历了各种事情。只有当一些趋势能够真正地影响到顾客的个人生活,顾客才能够真的跟从这些趋势。"丰富的经验让他在看到新闻报道和其他信息时有了不同的看法。

美味烘焙公司开发了无糖产品线,并把这个产品系列命名为"Tastykake Sensables",并且在2004年8月投放市场。这类产品完全不含糖分,而且每一份的碳水化合物净含量只有4到8克。产品线中包括原味和巧克力味的油炸圈饼、橙味和巧克力味的手指饼干,还有饼干条。这一产品线取得的成功远远超出了预期,实现了两倍于原有目标的销售量。正是由于这个产品线的辛劳,截止到2005年第二季度,公司的净销售额比上年同期增长了8个百分点。

美味烘焙公司真的作了正确的选择吗?事情后来证明的确如此。就在梅尔基奥雷大举推出无糖产品时,其竞争对手安特曼公司正在推广低碳食品产品。在起初的几周内,当梅尔基奥雷在各超市中巡视时,发现超市内安特曼公司的产品很快就销售一空。那么他决定聚焦无糖食品的决定是否真的正确呢?就在第二和第三个月,他的预感被证实了。安特曼公司的低碳食品开始滞销,产品线最终被拖垮了,安特曼公司也开始开发其自己的无糖产品。梅尔基奥雷说:"很多公司都撤销了其低碳食品计划。"2005年5月,《纽约时报》的一篇文章提到,很多公司都从低碳食品转型做低糖食品,"低糖产品已经取代低碳食品,成为新趋势。"[3]但是此时,有的公司已经损失了数百万美元,也有的公司赚了数百万美元。

尽管那两位女士的超市提问使梅尔基奥雷开始聚焦于无糖产品项目,但她们并不是梅尔基奥雷获取信息的唯一来源。除了一周两次在超市中巡视之外,梅尔基奥雷还广泛涉猎各种书籍,经常和同行们交流。他还经常掂量家人以及邻居的想法。他有时候还在公司的1 500名员工中做调查。他说:"我们从很多不同的来源获取灵感。"在公司决定采取无糖食品战略之后,梅尔基奥雷还请其送货人员和经营人员扮作与公司唱反调的人,以此识别出可能出现的失误。这样一来,公司就好比做了"双保险",就算产品线失败了,公司也不会过于被动。

梅尔基奥雷先生说,最重要的就是保持一个开阔的眼界:"我所见过的成功人士所做的最重要的一件事就是他们把每一天都当做全新的一天去体验和学习。我抛开所有以前的想法,当做自己一无所知地去体验每一天。让人们失败的真正原因,是他们确信自己已经知晓如何做事,每天只是花费时间来验证他们的观点而已。我从来不认为我已经掌握了全部答案。我经常会把人们的怪异想法作为参考,比如,如果我们使用卡车运送玉米饼或者水果会怎么样呢?如果你被困在原有的思维模式中,你就不会拥有广阔的周边视野,你的视野就仿佛是管中窥豹,看到的是井口那么大的天地。每个人都听信别人的意见,都抓不住要害。"

狭窄的周边视野带来的影响

周边视野之所以非常重要,其中一个原因就是,企业通常难以从周边视野的新发现中获得丰厚的赢利机会。比如,时装从开始的巴黎T型台转到了沃尔玛(Wal-Mart)的折扣货架。移动电话从最初昂贵的商务工具变成每个青少年口袋里的必佩物品。如果赴宴时过早到达,那么

周边视野的重要意义

有可能一个客人都没到,而如果到晚了,那么就只剩下残羹剩饭了。因此敏锐地把握市场态势,迅速有效地作出反应,是企业应当拥有的一种关键能力。

就在美味烘焙公司因其洞察周边视野而获利的时候,行业中的其他公司也在努力对低碳食品革命作出反应。阿特金斯提倡的低碳食品以及其他一些低碳减肥饮食席卷美国,一个规模庞大的低碳食品市场出现了,2004 年的头 9 个月就实现了 16 亿美元的销售额。2003 到 2004 年间,单在美国,各个公司总共开发出了 3 737 种低碳食品(绝大多数都是对现有食品进行的改良)。[4]那些抓住先机并反应迅速的企业在这种瘦身产品中发掘了丰厚的利润。2003 年,低碳食品的销售实现了三位数的增长。

但是不久之后,情况就发生了逆转。尽管更多的新产品不断推出,然而低碳食品瘦身方式开始衰退。如图 1-1 所示,2004 年 1 月,遵循阿特金斯式和南滩式瘦身饮食方式的美国人占总人口的 9%,但 9 个月之后却下降到 4.6%,而与此同时,低碳食品的数量却翻了一番。那些反应很慢的公司,比如库尔斯公司(Coors)在投资产品的时候,面对了一个既是产品过剩又是正在萎缩的市场(见"打烊后才赶到酒吧")。它们错过了良机。

事后思考一下,低碳饮食革命的出现和削弱都有很多迹象,从图 1-2 中,我们可以看得很清楚。企业发现这些迹象了吗?它们有没有意识到这些迹象的重要意义呢?为什么这些公司没有有效地作出及时反应呢?周边视野中的信号通常都是微弱的,而且模棱两可。比如,在低碳食品的例子中,消费者的复杂性和多样性使市场情况变得模糊不清。而且人们对于低碳饮食会有各自的定义。一项 2004 年由哈特曼集团(Hartman Group)所做的研究表明,在遵循低碳饮食减肥计划的人群当中,只有 9%的人严格按照计划执行。研究还表明,按照自己的低碳饮

第一章

图1-1 周边视野信息的风险和收益

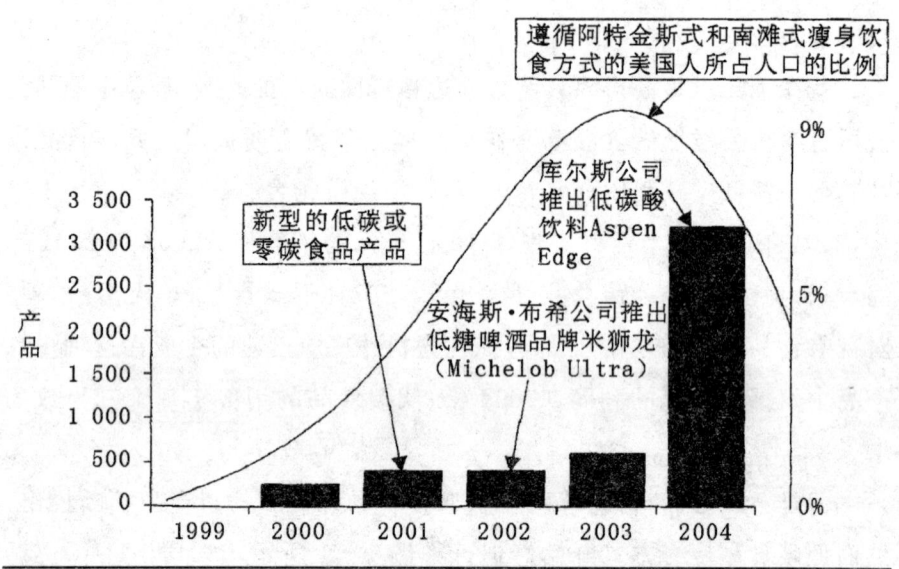

资料来源:ProductScan, NPD。

食计划节食的人的比例,超过了按照每种正规的低碳饮食计划节食人的比例。除此之外,还存在一个消费者偏好变化极快的现象:节食的人当中有34%是遵循了低碳饮食计划,而这其中,一半以上的人在第一年年底就遵守不了这种计划了。对绝大多数节食者而言,对低碳饮食减肥计划的浓厚兴趣只能维持3个月左右[5]。

打烊后才赶到酒吧

安海斯·布希公司(Anheuser Busch)是率先推出低碳型啤酒的公司,在2002年9月,公司推出了米狮龙品牌(Michelob Ultra)。该公司迅速成为生产这类啤酒的领军企业,到2004年3月已经占据了

图1-2 低碳饮食观念兴衰的部分信号

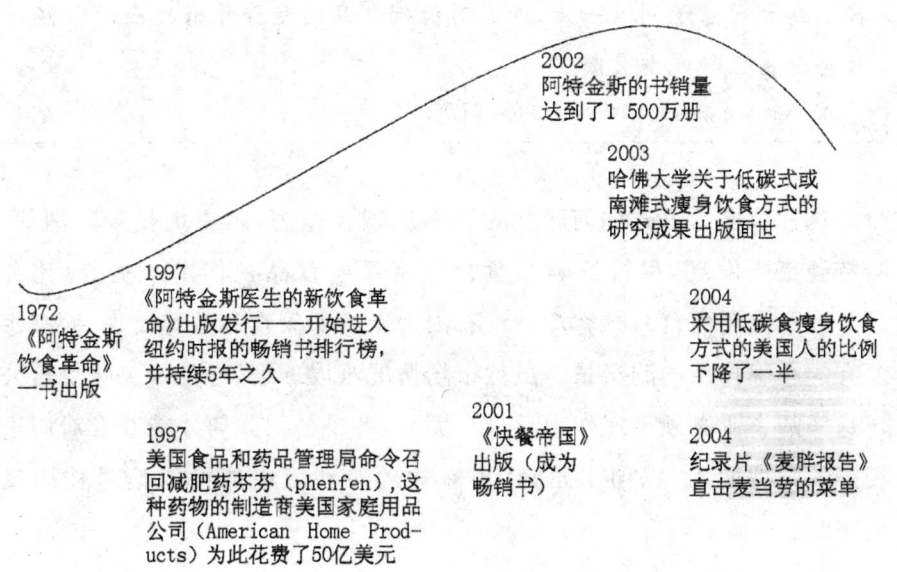

资料来源：在美国和欧洲进行的针对高级经理人的战略眼光测试，2004年。

5.7%的市场份额。这是其继1982年推广百威清啤（Bud Light）之后，最为成功的新品牌推出。[a]公司早早把握住这个潮流，在低碳食品的大潮中叱咤风云。相比之下，库尔斯啤酒公司从一开始就认定低碳食品的流行趋势会转瞬即逝。直到2004年3月，米狮龙品牌开始夺取库尔斯淡爽型啤酒的市场份额的时候，库尔斯才推出其自己的低碳产品品牌，那个时候，它已经比安海斯·布希公司晚了18个月了。尽管库尔斯为其品牌Aspen Edge投入了3 000万美元的产品推广费用，但是这个产品还是规模太小，而且还姗姗来迟。在2004年7月销量大幅度下滑之前，销售最好的情况，它也只达到啤酒市场份额的0.4%。（2004年9月一项由分析专家对经销商进行的调查表

> 明,87%的经销商都从认为 Aspen Edge 品牌不可能取得成功)。当库尔斯公司意识到这一点,并且对低碳食品的趋势作出反应的时候,机会之窗已经完全关闭了。
>
> a. Anheuser Busch 2003 Annual Report, 3.

这种节食的方式如何转化为顾客的购买行为,则更加复杂。例如,哈特曼集团发现,尽管低碳饮食计划将某些食品视作洪水猛兽(比如薯条和意大利面食),顾客却并没有因为新的低碳食品品牌出现,而减少原有的品牌食品的购买量。虽然市场情况难以琢磨,但是像美味烘焙公司这样的企业必须迅速作出反应。那么,各个公司如何才能开发对周边视野的掌控能力,以便更迅速、更有效地对环境中的微弱信号作出反应呢?

警惕性缺失

绝大多数企业并不具备对周边视野的完善的掌控能力。我们调查了150多位负责全球业务的高级经理人,我们发现80%以上的人都认为,他们所在的企业并不具备所需要的掌控周边视野的能力,因此存在着警惕性缺失。[6]如图1-3所示,如果用一个7级评分体系,企业所期望的对周边视野的掌控水平在5级以上,而这些企业目前平均的实际能力仅为4级(你的企业处于何种局面呢?要估测你们公司警惕性缺失的情况,请参照附录A的"战略眼光测试")。

组织需要多大范围的周边视野呢?各类生物体和组织都需要满足其环境需求的感觉系统。比如,蜜蜂能够探测到紫外线,而紫外线能够让它们区别各种白色的花朵;而有些种类的蛾子,能够探测到蝙蝠发出

图1-3 对警惕性更高的需求

我们调查了150多位高级经理人,发现他们的公司对周边视野的掌控能力远远达不到公司经营的需要,因此出现了警惕性缺失。

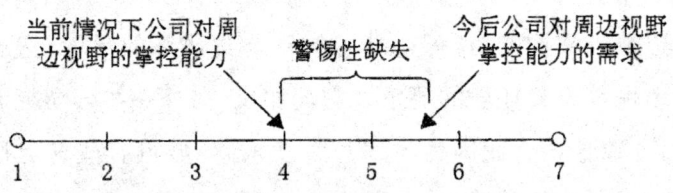

资料来源:在美国和欧洲进行的针对高级经理人的战略眼光测试,2004年。

的声波。[7]当这些蛾子探测到这种声波,它们就立刻逃之夭夭。这些蛾子别的什么也听不到,但是它们却拥有这种非常强的特别的感知能力。环境变化时,危险就出现了。例如,当蛾子飞进一所房子,那么它所面对的威胁就不再是发生声波的蝙蝠,而是一个挥舞着扫帚的人了。此时,蛾子原有的感知本领就根本无济于事了。

与此相似,企业所需要拥有的周边视野掌控能力必须和其战略、产业动态和环境变化相符合。环境加快的变化速度及其复杂性要求公司有更强的掌控周边视野的能力。[8]例如,过去,产值1 500亿美元的时装产业中,服装公司知道哪些季节性的服装流行趋势可以融入服装的生产,并且这些服装还可以大量销售。而现在,女士们不断地用混搭式服装展现着自己的个性。这些都是定制化营销趋势的一部分:从制作个性化的音乐CD,到发表博客,还有在线播客等;许多零售企业被迫翻新其糕点模具店,以营造一种个性化和定制化的形象。时装生产商不得不创建了灵活的营销策略,比如,飒拉公司(Zara)使用了"快速设计"系统,以便更多、更快地为顾客提供各种款式。这些飞速变化让市场的不确定性尤

第一章

为突出,如果企业拥有对周边视野优异的掌控能力,在其他竞争对手之前识别出市场的变动趋势,采取应对策略,就能够获得很高的收益。

如图1-4所示,有一些公司拥有符合环境要求的周边视野。聚焦型企业处在相对稳定的市场环境中,它们的视野就比较狭窄,就好比一匹戴着眼罩的赛马在一条明确、平坦的跑道上飞奔。而警惕型企业具有良好的周边视野掌控能力,可以从容应对非常混乱的环境,它的周边视野掌控能力也符合其环境的要求。与此相反,另外一些公司拥有太过宽泛的视野,导致这些企业因为对信息过度敏感,显得有些神经质。即使处在一个相对平静的环境中,这种企业也坚持对所有信息进行扫描,最终导致了信息泛滥和缺乏注意力,这种注意力缺乏就有点像小孩子在看快速变化的电视画面时,小手乱抓一气。这样一来,这种类型的企业要比那些注意力聚焦固定的公司更缺乏竞争力。[9]

图1-4 周边视野与环境

		企业能力 (战略流程、文化、结构、产量)	
		低	高
对周边视野的需求 (环境的复杂性和不稳定 性及战略的积极性)	高	脆弱型	警惕型
	低	聚焦型	神经质型

根据我们的调查,最常见的问题还出在脆弱型企业上,这类企业没有足够广阔的视野,无法适应未来市场的变化。即使它们所处的环境和执行的战略都要求它们具备强大的周边业务扫描能力,但是他们对周边

周边视野的重要意义

视野的掌控能力却很差。它们往往非常短视,仅把注意力放在手边的业务上,而此时周边视野中的很多因素都可能显著地改变企业的赢利模式或者整个行业的状况。这个特殊的错位导致企业错失了良机,甚至带来致命的盲点,这不仅会对企业有影响,而且对个人职业发展也有影响(见"这些首席执行官没有笑到最后")。处在这个象限内的企业必须提高它们对周边视野信息的掌控能力,才能应对来自战略和市场环境的挑战。这个象限是本书关注的焦点。

周边视野如何起作用

周边视野这个比喻的提法可以帮助阐明一种复杂的机制,即企业看清旁枝末节的能力和人类及动物所拥有的视野一样,视觉焦点区域以外的周边视野是一个比较模糊的区域(见"中心视野与周边视野")。对于人类,焦点视觉帮助我们把注意力集中在核心任务上,比如阅读或者集中精力做某件事情。[10]周边视野能够帮助我们,让我们看到悄悄从视线里溜走的潜在威胁,或者识别出位于企业周边的机会。在人类早期进化过程中,周边视野帮助人们发现即将一跃而起的美洲狮,或者在树林里穿梭的小鹿,它们是早期人类的猎物食粮。周边视野在其他的领域,如驾驶、运动中也起到非常重要的作用。

这些首席执行官没有笑到最后

良好的周边视野掌控能力在你的事业中有多重要呢?领袖IQ公司是一家培训企业,它调查了1 087位解雇了其企业首席执行官的董事,问及他们解雇公司CEO的理由。31%的被访者认为原因在于

第一章

CEO对市场的波动应对不利,28%认为CEO忽视了顾客,27%认为是CEO对公司低效率的运作熟视无睹,还有23%的人认为CEO被解雇是因为他们"否认了现实"。[a] 换句话说,缺乏对周边视野的掌控能力导致了这些CEO被解雇。

a. Jessi Hempel, "Why the Boss Really Had to Say Goodbye", Business Week, July 4, 2005, www.businessweel.com/magzine/content/05_27/c3941003_mz003.htm#ZZZT-CY70AAE.

中心视野与周边视野

眼睛中央有一小块区域叫做视网膜中心窝(这块区域和拇指指甲盖一样大小),它构成视线最为清晰、色彩最为真实的中心视野。而余光区域的清晰度要低很多。中心窝让我们看到范围最狭窄但是最清晰的景象。余光区域为我们提供的则是相对广阔,但是逐渐模糊的景象。对企业而言,其内部的核心业务和对外部环境的监测就处于中心窝(或中心区域),比如管理人员持续监督的数据,以及汇报给投资者的数据信息等。那么,这个中心区域的范围应该是多大呢?

企业和人类一样,其周边视野中出现的事物不易看清、很难理解,而且也难以把握或逃避。从本质上说,就确定范围、扫描、解释、探究和作出反应而言,把握周边视野需要的战略及能力都与中心视野大小相同。周边视野的把握能力不仅仅饱含接收视野边缘的信号,它还包括了解注视的方向和方法,了解信号的意义,以及确定转向新的观测方向的时机,知道如何对模棱两可的信号作出反应。

视觉是个感知和解释的互动过程,因此,我们想要看到的东西往往

周边视野的重要意义

会集中视力搜寻它。不论是个人还是企业,都会因为太过于专注某一个目标,因此无法辨别出环境中发生的某个重要的变化,因为这个变化发生在注意力焦点之外(见"他们没有看到大猩猩")。

他们没有看到大猩猩

在研讨会上,我们用一小段录像来说明周边视野面临的特殊挑战。录像展示的是运动员在传递篮球。我们要求看录像的经理数出穿白色球衣的队员给自己队员传球的次数(他们不会给穿黑色球衣的队员传球);同时,穿黑色球衣的球队队员在旁边传另外一个篮球。在经理们数数的时候,录像里出现了一个人,他穿了一套黑色的大猩猩服,他没有打扰任何一队球员传球。大猩猩停在场地中央,做了一个明显的捶胸动作,然后慢慢离开。然后我们问经理们,球被传递了多少次?90%的人都数对了次数。之后我们再问,你们有没有碰巧看到其他东西呢?几乎没有一个经理注意到大猩猩。后来,很多人要求重新回放录像。当他们清楚地看到大猩猩的时候,有些人怀疑我们做了假,另外一些人目瞪口呆,简直不敢相信自己的眼睛。人们会因为太过于专注于某一个目标而变成"管中窥豹",即使在眼跟前发生的事情他们都看不见。[a]

a. 在针对大学生所做的试验中,大约42%的人看到了大猩猩;见 Daniel J. Simons and Christopher F. Chabris, "Gorillas in Our Midst: Sustained Inattention Blindness for Dynamic Events", *Perception*, 28(1999):1059-1074。

视杆细胞与视锥细胞:余光中的平衡

因为周边视野和中心视野的形成过程和能力都有所不同,所以要加

第一章

强对周边视野的掌握通常需要一些投入。企业必须调配资源,高管层必须非常重视,以提高所需的能力,改进方法,更好地感知余光中的微弱信号。这就是企业所面对的一个根本性挑战:在中心视野和周边视野中间,最佳的平衡点在哪里呢?

开车的时候,如果你不断地查看后视镜,那么就会削弱对马路正前方这个非常重要的范围的关注。回顾一下,美国电报电话公司(AT & T)在剥离那些非核心业务之前,是如何在个人电脑和其他一些领域内,采取破坏性和扰乱性的进攻行为的。关注每一件事就等于什么都没有关注。

人类的眼睛以专用传感器的方式,为周边视野赋予了相当多的资源。眼睛有两种细胞:视杆细胞和视锥细胞。视锥细胞在眼睛中央,如果有充足的光线,我们能够看到物体的颜色和细节。这个区域也是中心视野集中的地方。与此相比,视杆细胞位于视网膜边缘,在光线不足或者在看眼角四周物体的情况下起作用,比如,在高速公路上你看见另一个车道上一辆汽车超过你就是这样。

人的视网膜上的视杆细胞(用于周边视野)要比视锥细胞(用于中心视野)多许多:视杆细胞有 1.2 亿个,而视锥细胞有 600 万个。如果我们是在设计一个机器人,让它以最优的方式完成某项任务,例如,读书或者数钱,那么这个比率就没有什么意义了。但是,人类的眼睛还需要感知那些和潜在威胁及机会有关的微弱信号。那么,有多少企业会以近似于 20∶1 的比率将资源分配给周边视野和中心视野呢?我们认为,绝大部分企业的投入比例可能刚好相反,这是导致近视或者管中窥豹的根本原因。如图 1-5 所示。

图 1-5 合适的平衡点在哪里?

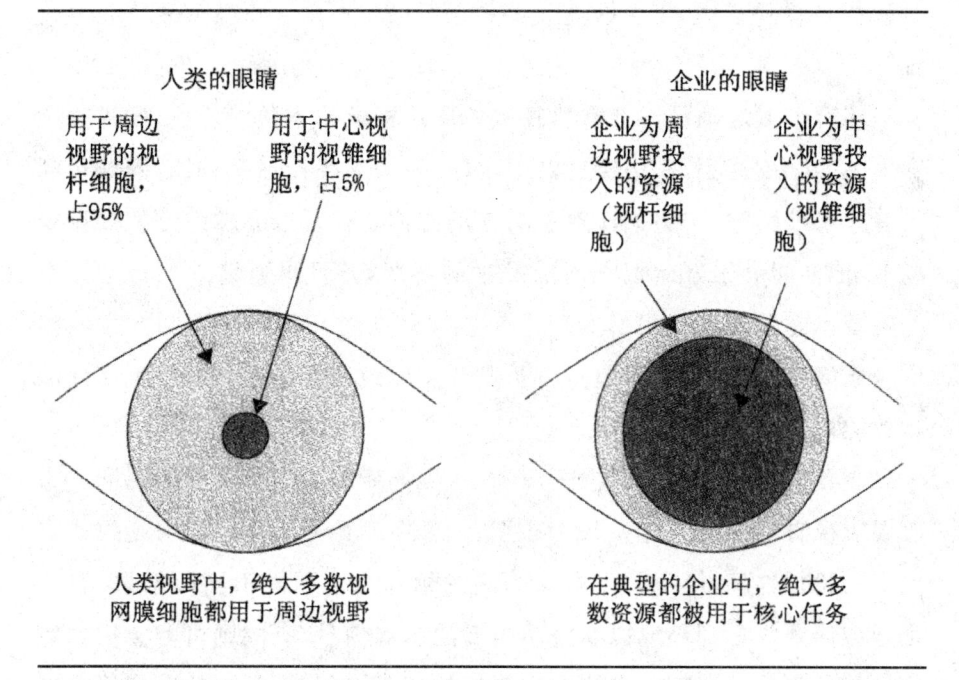

人类的眼睛

用于周边视野的视杆细胞,占95%

用于中心视野的视锥细胞,占5%

人类视野中,绝大多数视网膜细胞都用于周边视野

企业的眼睛

企业为周边视野投入的资源(视杆细胞)

企业为中心视野投入的资源(视锥细胞)

在典型的企业中,绝大多数资源都被用于核心任务

注:这个图只是为了展示相对的比例,而不是准确描绘眼睛的解剖结构。

提高周边视野的掌控能力

约翰·麦克菲(John Mcphee)在他的文章中介绍了美国参议员比尔·布拉德利(Bill Bradley)的大学篮球生涯,他描述了比尔对球场上其他队员非同寻常的感知能力。为了写这篇文章,麦克菲把布拉德利带到眼科专家那里,检测他的周边视野。结果是布拉德利的周边视野相当发达,超过了眼科专家所说的180度的范围。布拉德利拥有水平195度的视野范围。尽管这是他的一项天生禀赋,但是他一直在加强培养对周边视野的掌控能力。在他的孩童时代,他总是沿着人行道行走,直视前方,同时努力识别左右两边商店橱窗里的摆设。后来,他可以站在篮球

第一章

场的任何一个地方，背对着篮筐，迅速转身，在篮筐出现在他的周边视野时就背身投篮。麦克菲描述说布拉德利磨砺了一种极好的"定位直觉"。[11]

还有很多运动员都拥有这种关注周边视野的本领。比如，橄榄球比赛中的四分位球手，一边避免对手抢球，一边寻找接球手；或者网球运动员一边看准网球，一边关注对手的移动方位。在复杂和瞬息万变的比赛场上，他们能够很好地把握周围发生的情况，并且迅速地采取行动。企业是否也能够开发出相似的能力来感知和应对环境的变化呢？我们相信是能的，本书的后续章节将对企业开发周边视野所必需的组织流程和相关能力进行详细阐述。

在我们对高管人员所做的调查中，领导者对于周边视野的态度成为对周边视野掌控能力开发最为重要的因素。领导者决定了企业的视野范围、领悟内容和倾听的声音。不同的领导力会引发不同的结果，有些可能会让企业看到环境以及公司内部的微弱信号，有的则可能会把这些信号关在门外。即使一个企业有最好的管理体制，有最好的关注周边视野的流程，如果企业的领导者对周围的微弱信号漫不经心或者视而不见，那么这个企业也会受限。在美国独立战争期间的特伦顿（Trenton）战役中，被乔治·华盛顿（George Washington）打败的可怜的约翰·戈特利布·罗尔上校（Johann Gottlieb Rall），就在去世前一夜已经得到了华盛顿将大举进攻的预先警告。可是这位领导者对这条消息漫不经心，继续享受他的节日聚会，他显然忽视了这条重要的信息。

我们的研究还发现，想要很好地掌控和拥有周边视野，营造一种鼓励全员共享信息的企业文化也十分重要。表1-1是我们根据调查统计分析概括出的企业中最重要的组织问题。

与比尔·布拉德利这样通过一些练习来增强对周边视野的掌控能力的运动员一样，业绩优秀的企业也能够系统地提高其掌控周边视野的能力。他们能够克服一些脆弱性，变得更加警惕。本书后面的章节会讲述如何去做。

表1-1 脆弱型组织与警惕型组织

	脆弱型组织	警惕型组织
领导	仅仅关注当前的业绩和竞争对手	同时关注中心和周边范围
战略制订	刚性的、静态的投资	喜欢追根究底，并追求不同的解决方案
知识共享	聚焦于跟踪那些预先选定的商业数据	聚焦于收集和分享微弱的信号
组织结构	组织设计的方向在于向内看（"盯住中心"）	组织设计的方向在于向外看（开阔视野）
企业文化	僵硬、刻板	灵活、求知

第二章 锁定范围——
应该向何处看

"考察一个人的时候,要看他如何提出问题,而不是看他如何回答问题。"

——伏尔泰(Voltaire)

一个大型宠物食品制造商采用的综合市场数据表明,公司在一个萧条的市场中占据了绝对的市场份额。这看上去似乎是个好消息。但是实际上,在一个迅速扩张的更大的总体市场上,这家公司正在逐步失去原有的份额。市场上出现了一种科学的宠物配方食品,它们采用非传统的销售渠道并通过兽医进行销售,而这种情况并没有反映在这家企业的资料数据中。尽管公司的管理者隐隐约约地意识到了这种趋势,然而他们太过于把注意力集中在原有的市场上,因此整体市场份额的减小在其市场报告中并没有体现出来。他们逐步失去了领地,但是浑然不觉。当他们思考为什么会错过有关新细分市场的重要性的早期预警信号时,他们提到了一点,就是他们满足于采用通过传统渠道轻而易举地取得的销售数据。这就好像给企业戴上了眼罩,使管理者无法看到更全面的市场情况。等到公司进入这个市场的时候,市场里已经挤满了竞争对手,企业只不过是晚到的、毫无进攻能力的新手而已,最终以失败

第二章

告终。

周边视野的掌控能力所面临的第一个挑战,就是确定视野范围的广度。如果范围太过狭窄,像宠物食品厂这样的企业就会因视野之外的突发因素而受挫。但是如果范围太过宽泛,企业就会面临被并不重要的信息所湮没。那么,企业如何界定合适的视野范围,做到既能看到每一个重要的信号,同时又能不浪费资源呢?

什么是合适的视野范围?这个问题目前尚不能直接给出一个答案,相反,这个答案必须通过解决更多的相关问题后才能得到。影响视野范围的决定因素中,好奇心比知识更加重要。它的关键不在于了解问题的答案,而更多地取决于通过提出合适的问题来揭示现有认识的局限性,进而揭示如何寻找正确的答案。那家宠物食品制造商本该问过他们自己,有没有新的销售渠道或者商业模式可能打乱原有的产业格局?在面向宠物主的整个市场上,我们的份额是多少呢?就具体类型的消费者的花费而言,我们的份额又是多少呢?因为管理者没有问过这些问题,所以直到周边视野中的微弱信号发展成为一个严重问题,企业才意识到发生了什么。

在本章中,我们将详细分析那些能够打破狭隘的范围,界定周边视野的范围的一组问题。询问和回答这些问题,就能够帮助管理者将注意力锁定在合适的周边视野范围内,为企业发掘巨大的机会,或者规避严重的威胁。

锁定范围这项任务面临的挑战

由于产业边界是模糊的,因此适当地界定企业的视野范围就非常复杂。例如,电信业和娱乐业的企业必须对付各种不同的情况,例如电脑游戏的设计者和对等网络交换站点,它们刺激了非法下载行为。而制药企业则必须更加重视美国医疗保健行业的新规则，比如医疗保险中处方药品的范围，发现疗效很好的新药品的生物科技和自动化科技的突破与发展。生产消费品的企业必须重视美国社会中西班牙裔人口的增加，从而针对这个日益增长的细分市场调整产品特色和风格。

这些变化往往发生在距离企业最初锁定的核心领域很远的地方，然后逐渐备受关注。在公司的监控体系中，这些新兴的趋势会在何处出现呢？管理者如何界定"已知世界"的边界和周边视野的范围呢？正如人类的眼睛将处于视野正中央的事物看得最清晰一样，绝大部分企业对其核心业务把握得很准确，但是对其他业务的了解就不尽全面。像《萨班斯—奥克斯利法案》(Sanbanes-Oxley)这样的针对上市公司的新规定，引导着企业管理者把更多的注意力转向对核心业务进行监视和控制。最终，企业可能错过什么样的机会呢？

目光锁定范围太窄或者太宽所带来的风险

忽视企业中心视野之外的微弱信号会让一些企业错过机会，而让另外一些企业得到机会，如表2-1所示。假如那些转基因食品(GMO)添加剂的制造商问自己："消费者对食品供应中面临的风险能忍受到什么程度？他们对此有何想法？"那么他们本该可以看到非常明显的信号，表明消费者对待是否应该相信食品生产商这个难题，已经非常担忧了。如果美国的药品制造商问过："患者和消费者对于日益增加的广告宣传，对于医疗保健系统的改革，对于药品的高成本会有什么样的反应呢？"那么面对公众信心的急速下降，他们就不会大惊失色。

另一方面，企业的注意力和资源是有限的，如果把注意力的范围扩得太大，就会耗尽企业的资源。例如，一项针对高管层的调查表明，当企业的知识水平过高时，实际业绩就有所下降。知识欠缺可能是危险的，但是知识掌握得过多也会带来相应的威胁。管理人员期望对市场的估

第二章

表 2-1 微弱信号带来的机会

领域	微弱信号	把握住机会的企业	错过机会的企业
科技	周边视野中存在的机会	苹果公司 iPod 产品	音乐产业
	数字化革命		
	白色发光二极管应用于照明设备	采用发光二极管技术的公司	灯泡生产商
	开放源码软件	Linux、IBM	微软、太阳微公司(Sun Microsystems)
	光盘介质的百科全书	微软(Microsoft)	不列颠百科全书公司(Encyclopedia Britannica)
	全球移动通信系统(GSM)的迅速推广	诺基亚(Nokia)	铱星公司(Iridium)
经济	隔日快递服务	联邦快递(FedEx)、联合包裹(UPS)	美国邮政服务公司(U.S. POSTAL SERVICE)、联合航空公司(United Airlines)
	搜索引擎的潜能	谷歌(Google)	微软
	提供折扣价的点对点航线的航空公司	西南航空公司(Southwest Airlines)、瑞安航空公司(Ryanair)、易捷航空公司(EasyJet)	联合航空公司(United Airlines)、达美航空公司(Delta)、汉莎航空公司(Lufthansa)

续表

社会	运动和新时代饮品	Snapple饮品公司、佳得乐(Gatorade)公司	可口可乐公司(Coca-Cola)、百事可乐公司(PepsiCo)(初期)
	真人秀节目的流行	真人秀制片人	娱乐节目制片人
	对更复杂的玩偶有需求,而且消费者年龄降低	米高梅娱乐公司(贝兹娃娃)	美泰公司(芭比娃娃)
政治	在非洲治疗艾滋病的常规药物	印度的制药企业	大型的全球医药公司
	委内瑞拉国内社会中存在的不满	委内瑞拉总统雨果·查韦斯(Hugo Chavez)	委内瑞拉国家石油公司(Petróleos de Venezuela SA)
	改变美国选举模式的城市远郊富裕阶层	乔治·布什和卡尔·罗夫	约翰·克里(John Kerry)
	无人驾驶飞行器(例如在伊拉克使用的这种无人驾驶飞行器)	诺思罗普·格鲁曼公司(Northrup Grumman)(经过并购成立的)	洛克希德·马丁公司(Lockheed Martin)、波音公司(Boeing)

第二章

量更加精确,这样就会浪费更多资源,在有些情况下甚至会带来彻底的失败。[1]挑战在于,如何把视野范围扩大得恰到好处,刚好能够了解与环境相关的所有信息。

确定合适的范围

除了适应环境的变化之外,企业还应该根据其战略调整视野的范围。20世纪60年代早期,当美国雅培公司(Abbott Laboratories)认识到它可能不会成为一家制药行业的领军企业时,公司扩大了业务视角,寻找外围的发展机会。这样确定的视野范围使公司成功地开拓了处方药品市场、婴儿营养品市场和医院设备市场。另一方面,尽管一些公司处在经常波动的市场上,然而它们仍然选择"目标集中化"原则,全神贯注地经营现有业务,实现业绩增长。这些公司的周边视野不需要那么宽阔,只需要刚好够了解相邻市场就可以了。例如,戴尔公司把其"根据订单生产"业务模式拓展到像打印机和低端服务器这样的相似市场中,因此继续获得了骄人的业绩增长。同时,戴尔公司仔细关注了中心视野周围的市场变动情况,例如计算机和娱乐产业的融合,这种变动对戴尔公司的主要业务可能会产生相当大的影响。

提出合适的问题

有效地确定视野范围需要提出合适的问题,这些问题不同于那些和核心业务相关的问题,和核心业务相关的问题往往问得十分精确、针对性很强。这些关于核心业务的问题通常已经变得很模式化,答案也能够被自动收集起来,清楚地在报告中显示。例如,我们的市场份额是多少?我们的利润是多少?我们的销售额增加了多少?我们公司雇员的流失率有多大?我们的竞争对手准备开展何种业务?管理人员都非常精通

(有时候甚至都有些神经质)提出和回答这类问题。

但是,与周边视野相关的问题,最好的往往是开放式问题。答案也不那么精准。例如,市场的哪一部分被忽视了?哪些问题因为从未被问过,所以没有答案?那些规范的分析集中在现实的情况上,而掌控周边视野则要问及那些现实不存在的事情。虽然这种问题有些是假设的,但是大量问题却不太可能说得很清楚。确定合适的范围需要思想开明,容忍模糊的问题,要有冒险进入不熟悉领域的勇气。在周边视野问题上,错误的问题会导致你陷入无尽的、毫无意义的盲目追逐之中。但是,只要问对几个问题,就能帮助你识别未发现的市场机会。我们下面将介绍一些这样的"开拓思想性"的问题,它们分为三类,即从过去的经营中学习、深究现状和预测未来。提出和回答这些问题能够帮助企业检测出是否已经确定了合适的周边视野范围。

从过去的经营中学习

回顾过去可能无法很好地预测未来,但是它却能够让企业看到自身或者行业中一直都存在的盲点。它也能够从其他产业中得出能够为你所用的经验教训。

我们过去的盲点是什么? 从几十年前开始,系统地列出产业内外的所有政治、经济、社会科技方面的变化。哪些事件被管理者忽视,从而对企业造成了重大影响?这其中有没有什么规律?这样做的目的是了解你的企业对外部变化反应的水平(企业是视而不见,是能够勉强跟上变化,还是早早就作出了反应?),进而识别出原有的盲点。或许,你一直和政策变化都很合拍,但却总是错过重要的科技发展的机会。

我们看一下壳牌公司(Royal Dutch/Shell)的例子,该公司因其率

第二章

先推广的情境规划法而受到称赞。它在预见20世纪70年代石油价格波动、20世纪80年代油轮产业的产能过剩和远东地区的多次经济萧条方面，比竞争对手更有先见之明。[2]但是壳牌石油公司却因为忽视外界的几项和公众信任、媒体相关的发展趋势而严重受挫，这正表明了公司的盲点所在。第一件事发生在1985年，当时公司通过英国政府的正式批准，想要把报废的布兰特史帕尔（Brent Spar）钻井平台沉入距海岸几百公里远的北海中。虽然这可能是一个有效的工程方案，但是绿色和平组织把它炒得沸沸扬扬，最终导致欧洲人对公司各个加油站的联合抵制，它不得不花大成本对原计划进行了修改。当年晚些时候，壳牌石油公司又在非洲受到重挫，据说该公司在尼日利亚支持了一个军事集团，而这个军事集团处决了一些持不同政见的人员，同时它还对一些当地社团食言。

　　虽然壳牌石油公司是一个工程技术娴熟的企业，但是这两次事件说明，在对企业决策可能引起的社会反应的预测方面，该石油公司过于机械化，而且很短视。在这家企业的规划团队构成中，工程师比社会科学家多。值得肯定的是，公司努力寻找布兰特史帕尔和尼日利亚两个灾难性事件背后的真正原因，而且显著地提高了对社会问题和媒体的关注程度，它对利益相关各方所关心的问题展开了系统的研究。它启动了一个具有重大意义的标志性项目，而且每年都以报告的形式介绍公司在社会责任方面所做的工作，令人印象深刻。其中一些活动在公司的历史上也属首创。像壳牌公司一样，如果企业能够确定这样的盲点，那么它们就能更好地关注周边视野中那些被忽视的问题。

　　在其他行业中是否有类似的经验教训呢？ 有时候你可以从其他行业中得到经验和教训。找到一个类似的行业或者市场，其中的企业并没有注意周边视野，或者它抓住了正在显现的市场机会。你能学到什么呢？试想一下纳米技术，这种技术可以用于制造有超级强度的纤维、精密引导的高效药物，还有其他一些通过在分子水平上精确地操控材料生产出的创新产品。这种新兴的技术大有前景，转基因农作物在欧洲就曾经有过很广阔的前景，但是激进人士煽起了消费者的恐惧，零售商也因此开始抵制。纳米技术的开发者从转基因农作物所受的重创中能悟到什么呢？

纳米技术引发的潜在社会、法律和伦理问题，与转基因农作物面临的困境类似。[3]例如，科学家进行的初步的毒性研究已经警告说纳米微粒可能对身体带来危害。另外，在食品标签上采用基于纳米技术的传感器和追踪器则引发了有关个人隐私的问题。开发纳米技术的都是跨国的大企业，它们的动机往往会受到公众的质疑。这是一个事实，那些努力吸引媒体注意、筹集资金的激进人士会利用这一点。最后一点，启用和控制纳米材料并没有统一的规则，这样就不可避免地有许多争议或者认为监管失察的情况发生。

虽然这些威胁都不能从周边视野中变为现实，但是周边视野却能敲响警钟。从前已经出现过与此相关的迹象。瑞士再保险公司（Swiss Re）就曾经针对纳米技术的推广提出了警告，引证了其未知的风险。[4]一项研究表明，在充满纳米微粒的水族箱里游泳的大口黑鲈鱼大脑会遭到损伤。

对转基因生物的反对之所以能够深入人心，主要原因在于公众很容易就可以想象出转基因生物可能对人类带来的风险，但是却无法清楚地看到转基因种子，如抗除草剂的大豆，能带来的好处。因此如果纳米技术产业希望消费者接受可能的风险，它们就必须向消费者证明这项技术能够带来的切实的好处。在其他一些有争议的技术的推广中，有没有与此相似的情况呢？比如核能技术对纳米技术就可以有些启迪。那些成功普及的技术，比如生物技术以及个人电脑的普及，是不是有类似的情

第二章

况呢？寻找合适的类似例子能够揭示未被发现的风险和机会。我们从中可以学到什么呢？

　　寻找类似的情况可以让管理者换一个角度看清楚自己企业的情况，有助于发现那些容易被现有的思维所掩盖的余光中的重要部分。例如纳米技术生产的先驱者之一，三菱化学公司（Mitsubishi Chemical），生产被称为高勒烯的碳分子材料，就借鉴了转基因生物的经验教训。三菱碳材生产公司（Frontier Carbon Company）在正式推出第一批产品的1993年，就开始为高勒烯的商业化打牢基础。该公司积极地强调分子化学对人类健康和环境的益处。它意识到，由于纳米技术没有政府批准的监控、测试和验证体系，所以消费者的担心和顾虑往往会增加，因此三菱公司努力推动制订相应的政策。它和政府、学界以及其他利益相关各方展开合作，制订出各项政策，来限制人和动物与纳米材料的接触。三菱公司发现，产业要想取得成功，要想避免发生对转基因生物的反抗运动，这种积极主动的合作和取得公众的信任是必需的；转基因生物产品的教训进一步说明了重视公众意见的重要性。[5]

　　在认知微弱信号，早于竞争对手作出反应这方面，你所处的行业中的优秀企业是谁？ 除了要分析你的公司和所在行业的不足之处外，询问有哪些公司在关注周边视野方面做得卓有成效也是很有帮助的。它们的秘诀是什么呢？在个别情况下，这种优秀的洞察力源于运气。但是如果一家公司在很多情况下都做得很好，每次都比竞争对手更早关注到周边视野中的变化，那么这个企业的基本做法就值得效仿。

　　例如，BB&T银行（Branch Bank & Trust Company）已经成为美国南部发展最快的银行之一，其分支遍布佛罗里达州（Florida）和美国东北部地区。公司在识别扩张机会方面颇有建树，在15年的时间里，它并购了159家银行、储贷机构、保险公司，以及其他一些企业。它们是如何做到的呢？在这个企业里，公司领导通过所问的问题和随后的行动方案。BB＆T公司的领导是兴趣非常广泛的约翰·艾利森(John Allison)，他每个月都读几本新书，从银行业外请人做演讲，而且鼓励管理人员不断探索，公司的雇员对他如何能做成这样都感到很惊异。作为董事长和首席执行官，他努力地灌输一些深层次的价值观，其中就包括好奇感。这能够帮助他和员工发现银行业中新的并购机会，以及新银行加入后产生的潜在整合问题。公司还采用了严格的程序来发掘潜在的并购目标，并且依据客观的标准和主观的因素，如文化应适性，对它们进行筛选。

每个行业里都有在周边视野方面做得很出色的成功企业。把这些企业一一列出，找到它们与你企业的共性，并探索可以吸收哪些经验，这是提高企业对周边视野的掌控能力的一个好方法。但是，与其他企业进行对照充其量只能是一个开端、一个奋起直追的途径或一个增强企业对突发事件应变能力的方法而已。真正的具有竞争意识，从周边视野中获益所需要的，不仅仅是细想过去的经验，你还必须对企业的目前状况和未来前景进行详细观察和分析，我们下面就会对此进行探讨。

观察企业目前的状况

下一组问题的焦点涉及企业在当前环境中，因为缺乏周边视野而可能错过的机会。哪些信号就在面前，而你却完全没有看到呢？你怎样才能看到它们呢？在你没有关注的环境中正在发生哪些变化呢？

你正在"顺理成章"地忽略哪些重要的信号？ 几乎所有突发情况都会有某种先兆，马克斯·巴泽曼(Max Bazerman)和迈克尔·沃特金斯(Michael Watkins)在他们的著作《未雨绸缪》(*Predictable Surprises*)就

第二章

提出了这个观点,例如,"9·11"事件和安然公司就是这样。[6]人们有一个很明显的倾向,就是想当然地认为一切都很正常,因此忽视了预警信号。我们越是聪明,就越可能会顺理成章地忽略那些重要的危机信号。等到这些微弱的信号已经成为一种清晰可见的威胁时,想再扭转乾坤,往往已经为时过晚。例如,有观点认为,脱落的防热区泡沫并不会对航天飞机产生严重的威胁——这正是被哥伦比亚号事故调查委员会称为"将异常情况正常化"的一种态度,而正是这个原因不幸导致了灾难性的结果。[7]对于管理人员来说,根本问题在于如何从干扰信息中把重要的信号分离出来。而对每一个微弱的信号都加以判断和评价是不现实的,因此,就需要一些丰富的经验,才能去伪存真。虽然这在很大程度上依赖于管理直觉,但是应该仔细考虑哪些信号可以被忽视,这种方法可以帮助激发这种直觉。

要面对现实,管理者们应该不仅仅吸取来自于企业内部的观点,还应该从企业的外部(比如合作伙伴、供应商和业内专家等)中获取坦率的建议。企业的注意力应该聚焦于主要核心业务之外的各种信号和环境变化上,以及可能对核心业务产生威胁的那些因素上。

但是,你如何识别出这些重要的信号呢?我们已经找到一个不错的方法,就是选择一个信号,使用情境规划法(见图2-1),或者其他各种可以激发管理人员想象力的未来规划方法。另外一个放大这些信号和探测环境变化的方法是通过特定的角度来观察世界。例如,墨西哥水泥公司(Cemex)使用了一种被其自称为"创新平台"的方法,对环境的变化进行思考,得出有创意的观点。该公司考虑的主题之一是区域经济发展。管理人员提出问题包括:"区域经济发展引发的机会当中,我们能够把握哪些?"之后他们会进一步探索,确定出2—3个有实质意义的机遇,并进一步对它们进行构思、筛选和推进。最终的结果是,该公司认识到,必须缩短为中低等收入家庭建设住宅所花费的时间。这项认知使公司首次推出了一个名为"加速建设"的工作方法。

图 2-1 不确定因素的锥形图

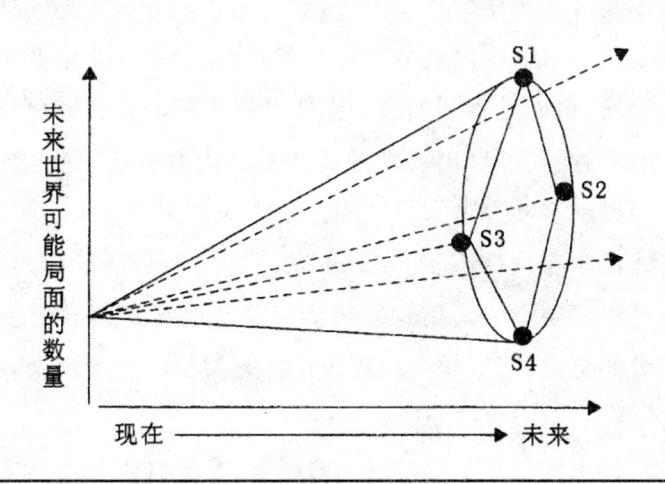

```
未来世界可能局面的数量
                              S1
                                  S2
                           S3
                                  S4
现在 ————————→ 未来
```

注：S1 至 S4 指未来的情境。

把注意力集中于对客户的洞察也能达到这个目的。例如，墨西哥水泥公司的一个客户表示，在新建房屋的过程中，缺乏专业的技术工人是最大的问题。公司针对这个信息作出决策，为房主提供铸模，房主可以用铸模来制作出自己的混凝土砖块。和在大型工厂制作的工序一样，房主可以将混凝土倒进铸模，因此减少了对技术工人的需求。这项举措后来成为了一项成熟的业务，为公司创造了3 000万美元的价值，而且把建造小型房屋的时间从24天缩减到只用短短的3天。[8]这家公司通过系统化的方式来思考变化背后的意义，来理解环境中出现的重要趋势，借助这种方法，它成功地识别了新的市场机会。

持不同观点的人和局外人将会给你什么样的建议呢？绝大多数企业内都会有一些独树一帜的员工，在周边视野方面，他们有激进的观点，

第二章

或者与公司观点有分歧,而这些见解却很少得到企业的关注。企业与存在于外部环境中的这类持不同意见者,以及其他的局外人也保持联系,或者也可以形成这样一种关系。你的企业必须找到那些见多识广的人,他们能够不拘泥于传统的思维方式,对于公司业务有其不同见解。这些人有可能是天生对公司的业务方向就不满的人,也可能是在技术开发中的天才人物,也可能是销售领域中那些能够充分洞察新客户和新技术的人,他们能够为公司开发出崭新的业务。别人都浑然不觉,而他们感受到的市场风向的变动是怎么样的呢?正如安迪·格鲁夫在他的著作《只有偏执狂才能生存》(*Only the Paranoid Survive*)中所描述的一样,绝大多数这些持不同观点的人很难有机会向企业的高层领导阐述或分享他们内心深处的感受,而这些高层领导往往是最后一个发现企业机会和威胁的人。[9]

除了与持不同意见的人进行交流之外,认真倾听普通员工的意见也有助于从周边视野中识别重要信号。明智的决策并不总是自上而下的,因此倾听企业内部传来的弱信号也非常重要。高效的领导者应该同时拥有非常广阔的内、外部两种网络。例如,有些首席执行官会定期安排与不同级别的员工开会,以便倾听他们的看法和观点,获取那些不易察觉的信号。

让我们看一下欧加农制药有限公司[Organon,阿克苏诺贝尔公司(Akzo Nobel)的一个分公司]是如何识别出治疗抑郁症的潜在市场的。公司在对一种新型抗组胺剂的临床试验中,发现新开发的药物对于治疗花粉热和其他的过敏症状并没有疗效。但是,参与试验管理的一位秘书发现,参与试验的部分志愿者特别高兴。在很多企业中,这种微弱的信号很可能一直隐藏在周边视野范围之中。这位秘书将这项发现汇报给公司管理者,多亏公司的企业文化是鼓励交流的,因此该公司对此事件进行了后续研究。它们发现,和对照组相比,治疗组的患者表现出一种更快乐的情绪。经过多次试验和探索,公司发现这种新药实际上能够有效地治疗抑郁症。欧加农制药有限公司因此开发出了抗抑郁症药品脱尔烦(Tolvon)(盐酸米安色林),并成功投放市场。在制药行业中还有一些偶然发现的案例,例如弗莱明(Fleming)发现青霉素,辉瑞公司(Pfizer)发现伟哥(有意思的是弗莱明在1928年发现了青霉素的雏形,但是他并没有充分领会其重大意义。直到1938年,牛津大学的病理学家霍华德·弗洛里(Howard Florey)偶然发现了弗莱明的论文,此时青霉素的真正价值才被人们所认识到。又经历了三年的时间,弗洛里的研究团队才完成了人体试验,从而揭示了青霉素的惊人疗效。弗莱明所获得的微弱信号沉寂了长达十年之久)。只有那些警惕型企业才能够充分把握这些偶然的机遇。

外围中的客户和竞争者究竟在想些什么? 绝大多数管理者普遍认为他们很好地把握了现有市场状况,但是他们往往把注意力集中在目前的客户和竞争对手上,而没有把目光范围拓展到潜在的客户和竞争者方面。自然地,企业必须关注那些构成当前利润来源的目标客户,或者位于其视野扫描雷达屏幕中央的竞争者。鉴于绝大多数企业都有12%—18%的"质量问题"或者客户流失,所以企业从这些发牢骚的人,以及流失者身上可以学到很多。对销售业绩不佳的分析报告,以及对竞标失败的原因剖析都有很好的启迪作用,但这一切只有在那些分析人员愿意和其他人一起深入研究或者分享他们的学习体会的情况下,才能实现。

企业也可以通过对博客、聊天室和产品网页或企业网页(如www.ihatemicrosoft.com)的监测来了解客户的不满。例如,1998年12月,宝洁公司(Procter & Gamble)互联网的聊天室里发现有传言说其产品纺必适(Febreze)对宠物有害。公司立刻对此作出了应对,并从美国禁止虐待动物协会(Prevention of Cruelty to Animals)和有关权威部门获

第二章

得支持,以此来攻破这种传言,并避免了一次大规模的客户反对浪潮。

和仅仅检测市场份额(市场总量如何划分)相比,分析现有客户的"钱夹份额"(即客户的某一类特定消费投入在你和你的竞争对手公司中的比例)为企业提供了一种完全不同的观测角度。客户的主要支出流向是哪里?公司如何才能取得更大的份额?倾听抱怨者和反对者的声音、监测博客(在下一章会有详细讨论),这些方法能够为你解决这些问题提供重要的启示。

企业也可以考虑更多的客户。例如,印度科技公司(ITC)通过把其注意力焦点从市区转移到乡镇(见"占领农村市场")[10],发掘了大量极好的机会。根据你对现有业务的认知,你忽视了哪些客户?怎样能够对这些认知提出质疑?

占领农村市场

尽管在印度,很多企业都把注意力集中在容易接近的城市市场上,然而ITC公司却意识到,周边的农村市场有着巨大的潜力,它找到了一种方法,借助技术手段把这些市场联合在一起。按照传统的思维方式,农村市场被认为是一个没有任何吸引力的市场,基础设施薄弱,分销链很长,相比之下收入也很低。但是ITC发现,可以通过先进的通讯技术把印度农村市场与国际市场紧密连接起来,这是一个机遇。该公司创建了电子中枢,每一个中枢由一个当地的农民负责,并为周边的几个农村提供服务。

这些农民以前完全依赖于当地的粮商,而今他们可以通过ITC公司提供的电子会所(e-Choupal)网络,在芝加哥期货交易所(Chicago Board of Trade)查阅大豆的期货价格,这种电子会所是由个人电脑和卫星网络技术支持的。农民们也可以使用同样的系统从事电子商务。这些农村的消费者曾经被绝大多数企业所忽视,而ITC公司经过深入的市场分析,开发出满足其需求的创新解决方案,建立了一个充满生机的网络系统。[a]截至2003年,ITC公司通过5 000多个集线器把300多万个农民连接在一起,交易额达到1亿美元。在远离备受关注的闹市中心,在这种"穷乡僻壤"之地,这是一个意义重大的机遇。

a. 资料来源:C. K. Prahalad,The Fortune at the Bottom of the Pyramid(Upper Saddle River,NJ: Wharton School Publishing,2004),69 - 72。

　　对客户过于片面的了解会失去市场机会,与此类似,把注意力集中在直接竞争对手上,这种"近视"的行为会让企业忽视来自其他方面的潜在威胁。在各行各业中,不论是航空业、化工业还是大型计算机行业,长远的威胁更可能来自能够提供更便宜价格的对手,而不是来自于能够提供更复杂产品和服务的竞争对手。例如,美联航(United Airlines)的真正竞争对手是西南航空公司(Southwest Airlines)那样的区域性企业,而不是美国航空公司(American Airlines)这样的老牌航空公司。相关的公司应该问自己,哪些低端的制造商将会从周边视野中跨进这个对价格敏感的市场。与此类似,管理者也应该问自己,自己的合作伙伴可能作出什么样的威胁举动。它们能否整合为一体,共进共退? 波特(Porter)提出的竞争五力中的任何一种都不能被忽视,尤其是那些有可能进入市场的非传统型的竞争对手。[11]

第二章

想象一下企业新的未来

过去和现在是不错的起点,但是它们无法表明未来是怎样的。下面一组问题将特别锁定未来的情况,进一步解释如何有效地扫描周边环境。

哪些未来将会发生的意外情况会给我们带来伤害(或帮助)? 未来会不会出现和已经发生过的一些意外或变动影响程度相似的事件呢?你可以根据过去40年间发生的各类事件,对未来5年或者10年作一个预测。例如,在金融服务领域,未来会出现哪些影响重大的意外事件,类似于信用卡的广泛使用或者《格拉斯—斯蒂格尔法案》(*Glass-Steagall*)的推出。如果你所属的行业是家庭炊具业,那么,未来会出现哪些新的发明,能够产生和冰箱、微波炉一样的重大影响?

有时管理者会设想一个理想的未来状况,然后来思考必须发生什么样的变动才能实现这个理想状况。由于用这种方法,团队要基于未来的理想状况来做设计工作,因此系统思考理论的创始人拉塞尔·阿科夫(Russell Ackoff)把这种方法称为"理想化设计"。[12] 例如,在20世纪70年代,贝尔实验室让它的科研人员在假设贝尔整体电话系统都被损坏的情况下进行研究。然后公司让他们在不必担心当前制约条件和限制因素的情况下,重新设计和创建未来的电话系统。由于卸掉了过去固有模式的思想枷锁,这个团队的研究人员设计出了一些理想化的功能,例如语音邮件、来电转接、自动拨号和语音提示等等。尽管我们现在已经对这些功能习以为常,但是在那个时代,这些设计的确是崭新的发明。而且,他们的设计已经远远超出了AT&T公司在20世纪70年代所有产品服务的功能范畴,也促进了新项目的开发。

锁定范围——应该向何处看

与此相似，W. 钱·金（W. Chan Kim）和勒妮·莫博涅（Renée Mauborgne）的《蓝海战略》（Blue Ocean Strategy）一书中，就提出让管理者跳出传统的行业和市场的概念来进行思考。[13]他们认为，真正的机会存在于市场之间、渠道之间和行业之间的空白区域之中。他们提供了大量的案例，说明企业如何设法在没有竞争的空间里开拓新的业务。例如，索拉奇艺坊（Cirque du Soleil）填补了传统的马戏表演和经典剧场之间的空白。他们放弃了高成本的项目（如动物和明星的表演节目），增加了故事情节和神秘感，把音乐进行精细制作，做成了类似音乐剧的类型。这种综艺性表演数年之内都没有遇到什么真正的竞争对手，非常成功。

管理者揭示那些弱信号的方法也可以询问自己，作为一个新的市场进入者，他们会对自己所处的行业带来什么样的冲击？可以思考建立一个新的内部团队，或者从外部引进一个团队的模式。最近，一个咨询团队通过挑战汽车业的常规做法，得出了新一代汽车企业的设想。实际上，它设想了一个不卖车辆的新一代汽车制造商。这是一个"虚拟"的汽车制造商，它将几乎所有和汽车相关的业务全部外包出去，包括汽车设计、物流、租赁和服务。汽车的零部件会在一些劳动力成本低的国家加工。装配部分将由一些微型工厂来进行，这些工厂能够将数量不多的成品车从离市场最近的地方发出去。这样的公司还可以把汽车租赁给顾客，同时永久保有这些汽车的所有权。而这一模式的构成元素，也就是早已存在于各种行业中的那些弱信号。

哪些新兴的技术将会改变现有局面？很多公司都能够很好地跟踪现有技术的发展，因为这些技术可能影响到它们的生意，但是这种聚焦会导致它们的注意力焦点出现偏移，可能会忽视那些能够给企业未来带来重要影响的新兴技术。例如，第三代（3G）无线通信技术受到了2.5G性能改进技术的挑战。这种前一代技术的升级产生了令人意想不到的

第二章

改良，因此也造成对 3G 技术功能的重大影响。

管理者必须把那些指导性的问题聚焦于客户基本情况方面，这样才能够为新兴的技术提供土壤。他们应该仔细分析三类客户：一是被过度服务的客户，这些客户认为公司提供的解决方案已经超过他们所需；二是服务不到位的客户；三是边缘客户，这部分客户缺少从新兴技术中获益所必备的技能和资源。[14] 1996 年前后，互联网技术方兴未艾，如果音乐产业当时分析了客户的基本情况，它们本该可以看到点对点下载的现象，并且认识到这种现象背后是一种没有得到满足的需求：即人们渴望从网络上得到大量的非捆绑音乐曲目。如果理解了这一点的话，那么合法的文件分享模式可能出现得更早，并能阻止由 Napster 公司引发的非法免费文件下载。

虽然跟踪哪些新兴技术要根据公司和行业的具体情况来确定，但公司内部应该设置专人用创新的思维方式来分析新兴技术对企业可能产生的影响。通用电气公司（GE）首创的网站"destroyyourownbusiness.com"这种方法遵循的就是这个原则，在这项活动中，各个业务单元要充分利用互联网的经营模式，以取代其目前的业务。在看待边缘技术发展问题上，管理者应该何去何从？绝大多数边缘技术会对企业产生短期的技术影响——也就是说，在 10 年左右的时间内对企业有影响——这些技术现在还存在于实验室或者期刊的某个地方，甚至可能就在企业自己的实验室里。诀窍就在于公司领导者能否比竞争对手更早地看到这些技术带来的潜在影响。除此之外，公司也可以在其他的发展趋势方面作出类似的探索，比如人口结构的变化、政治环境的变化，以及环境中若隐若现的其他变动情况。

会不会出现一些不可思议的情形呢？想要看到即将发生的意外情况的所有潜在影响，管理者们就应该设想出至少一种不可思议的情况。

这种不可思议的情况往往看似还算合理,但是人们往往认为是不太可能发生的,管理者会因为认为不值得考虑而放弃它。通过明确这些不可思议情况出现的可能性——包括正面和负面的可能性——你就可以逐步认识到多种解释当前环境信号的方式。[15]如果缺少这种考虑的话,头脑会自然而然、强制性地把一些蛛丝马迹与以前已经存在的模式对号入座。例如,在纸牌游戏中,当玩家看到红色的黑桃牌的时候,他们通常会认为是红桃。因为他们强制自己把这张从未见过的纸牌看成是众人皆知的四种标准纸牌花色之一,人们不可思议会有这样一种牌。但是,如果一个玩家事先接受红色黑桃牌的存在,那么他可能会一下子把这张牌识别出来。

由于我们往往过于相信我们自己已有的知识,因此我们会低估了未来的不确定性发生的概率。例如,20世纪90年代初,我们团队中的一位成员曾经帮助委内瑞拉国家石油公司(PDVSA)构建未来的前景。那些传统思路考虑的未知因素都得到了高度重视,包括石油的价格和出口市场等因素,但是真正在委内瑞拉产生重大影响的,是在所有假设情形中始料未及的一个因素——即民粹主义领导人乌戈·查韦斯(Hugo Chávez)的出现。他反对现有体制,实施了军事管制,将石油公司国有化,并且在一个星期天的下午,在一次全国电视演说中解雇了国家石油公司所有的高层管理者,这是一种不合常规的局面。在政治环境中可能看到出现这种局面的任何征兆吗?当然,回过头看的时候,可以看到这些征兆是存在的,但是这种情况是不可思议的,至少在石油公司领导者的脑海中是不可想象的。与此相似,柏林墙被推倒也是一个不合常规的情况,很多政治家和组织都没能预见到。

相比之下,1999年安然公司的联邦信用合作社在进行未来规划的时候,其管理人员虽不情愿,但却考虑到了那个令人难以置信的可能性的存在,即其公司有可能倒闭。那时候安然公司的强大实力在世界范围

第二章

内受到投资者、媒体和商界大师的广泛推崇。但是,当不可想象的情境真的到来的时候,安然的联邦信用合作社却能够迅速作出反应,并且幸存了下来,这其中一部分原因就是它已经看到了这种可能性。通常情况下,尚不明朗的混乱局面的早期预警信号都会若隐若现地出现在周边视野。但是,联邦信用合作社已经看到了大量的实例,即由于并购,而非诈骗的原因,企业的赞助人突然消失,而其附属的信用合作社往往也随着母公司衰败下去。如果你能够发掘出这些警示性的信号,然后把这些信号和那些表面看起来有些牵强的假设情境相结合,那么你就能更加清楚地看到存在于周边视野中的威胁或机遇。否则,你就很可能在现有的世界观当中剔除掉某些非常规的元素。

结论:望远镜和显微镜

有时候,合适的范围就好比用一个望远镜查看天象。而有时候,恰到好处的范围则像用一个显微镜观测世界的某一个微小的细节。如果你对自己应该提出的问题了如指掌的话,那么确定出一个合适的范围找到答案,就变得容易得多。本章所提出的关于过去、现在和未来的问题能够帮助读者确定周边视野的范围,我们应该在这部分区域中投入更多关注的目光。这样你就能够找到拼图中缺少的那些小块儿,能够像夏洛克·福尔摩斯(Sherlock Holmes)一样,注意到连警犬都没有嗅到的事实细节。你所确定的范围可以进一步拓展,将那些缺失的部分补齐,这样一来,当你开始把零碎的线索整合起来的时候,你就能够确定正确的范围了。

在对周边视野进行积极有效的扫描这方面,我们所提出的引导性问题使战略举措有很好的出发点。至于选择哪些问题要取决于各个公司的战略、当前环境中的压力、高管层的关注点,以及得到的一些微弱信号等因素。选定了恰当的问题之后,回答时就要采用揭示不确定因素的各种分析方法,这些方法包括情境分析法(详见第五章)和战略风险管理。[16]

  正如引导性问题所揭示的那样,选定的范围并不是静态的。它是一个在组织中鼓舞好奇心的持续的互动的过程(见附录 B 对经济学及经营调查领域中的搜寻规则的深入分析)。你必须依照从目前周边环境扫描得出的结论来不断回顾和更新这些问题。如果在一个你认为充满希望的领域内,你没有发现感兴趣的信息,那么或许应该缩小这个范围。后续章节中会讨论扫描过程和解释周边视野过程,从其中得到新的启发,这些启发也可能会引出新的问题。这真正是一个学习的过程,帮助公司进行定位,预测周围角落可能出现的问题。

  一旦这些问题确定了周边视野的新领域,下一个挑战就是如何在此区域中进行扫描。例如,如果你的公司认识到需要了解公众的观点,或者应该关注那群未服务到的顾客,那么应该如何收集关于这些陌生领域内的信息呢?下一章将分析扫描的全过程,并提供一系列扫描周边视野特定领域的方法。

第三章 扫描——如何查看

"不是因为他们找不出解决办法,而是因为他们看不到问题所在。"
——G.K.切斯特顿(G.K.Chesterton)[1]

一家医疗设备公司向自己提出一个尖锐的问题:"什么样的新兴的药物疗效会取代我们的医疗设备的疗效?"正如前面章节里讨论的一样,带着这个问题,公司扩大了自己的视野范围,观察视角从与之直接竞争的医疗设备制造商扩展到更广阔的竞争对手和顾客身上。然而,一旦扩大了视野范围,那么管理者怎样才能开始回答这样的问题呢?为了验证这个假设的可能性,公司专门组建了一个团队,这个团队的任务是提出一种新的疗法或者创建一种新的商业模式,来摧毁现有的业务。这就需要团队成员积极地扫描,寻找新的角度来思考市场、新兴的技术以及新的商业模式。这个团队的注意力不再局限于医疗设备领域内的直接竞争对手,而是关注于药物治疗领域的潜在竞争对手,以及相关公司和研究机构。团队成员的观测范围还需要超越现有的客户和竞争对手,扩展到了解消费者对于药物疗法和医疗器械的态度,还要考虑到会对产业环境产生影响的更广泛的社会因素及政策因素。可见,想要看到更多外围的内容,企业需要改变其扫描的方式。

前一章中提到的问题有助于确定公司寻找周边视野中弱信号的方

第三章

向。本章我们将讨论公司如何沿着新的方向搜索信号。为了从周边视野中看到新的信息,管理者必须使用不同的扫描方式。在这一章中,我们会介绍各种扫描方式,用于捕获和放大存在于周边区域的弱信号,这些方式涉及五大类:公司内部;客户和渠道;竞争空间(竞争者和互补者);技术、政治、社会和经济因素;影响和决定因素。

主动扫描

　　主动扫描和被动扫描之间存在着差别。虽然所有的管理者都会扫描,但是他们往往都是被动地扫描。他们竖起天线,坐等接收外部的信号。他们不断地接触到大量的数据,这些数据涵盖范围非常广泛,可能包括一些模糊的业界传闻,也有可能是来自销售报表、趋势研究、技术预测研究的强有力的证据。管理者通过监督关键绩效指标和其他衡量指标来衡量评价责任,加以控制,并指导六西格玛的实施过程。[2]虽然这些系统在设计的时候有可能是致力于主动扫描,但目前大部分都是被动的。

　　尽管采用了被动扫描的方式之后,管理者可能自我感觉跟周边视野的情况合上了拍子,但这是一种错觉。因为绝大部分数据来源于常规的或传统的渠道,所以这种扫描方式大都在强化旧观念,而非挑战那些固有的观念。因为这些衡量指标都有严格的核算规定,并着眼于当前的业务,所以它们都不是主动扫描。不可能有任何开拓探索的空间。这种被动扫描方式限制了扫描的范围,弱化了人们的好奇心。在被动扫描中极有可能忽略异常和不熟悉的弱信号。

　　相比之下,主动扫描往往是针对一个特定的问题,例如,那家医疗设备制造商提出的问题,或前一章讨论过的那些引导性问题。主动扫描反映了人们强烈的好奇心,它强调周边视野中更边缘更模糊的东西。比如，广告公司及其客户可能会从电视广告或者行业趋势分析当中进行被动的扫描。但是管理者也可以主动扫描，积极探寻一些问题的答案，例如："如果更多人喜欢上网，如果更多人质疑广告的可信度，那么会产生怎样的结果呢？"主动的扫描往往是由一些假设驱动的。如果涉及关键问题，应该会有多重假设。[3]那些涉及运用多种理论的公司将更有可能组建搜索队伍，召集企业内部及外界的相关人士，并且使用各种方法。他们采用的就是首先提出一个假设，然后观察、推论、最后测试的科学方法。

随机挑选杂志：定向扫描及非定向扫描

在定向扫描中，管理者寻找特定问题的答案，主动扫描也可能是非定向的。非定向扫描会是更开放的探索。例如，世界著名建筑师巴克敏斯特·富勒（Buckminster Fuller）采用了他自己很独特的一种系统化的方式来扫描周边视野。每次在机场，他都会随意从书店的书架上选择一本杂志，然后在飞机上从头到尾看完它。他选择的杂志包罗万象，这次看的有可能是关于园艺方面的，下一次有可能是关于流行时尚或者飞机设计方面的。这样，每次旅行富勒都能学到新知识，并能够从不同的角度看待这个世界。其实，很多管理人员都能从在旅途中，阅读不同种类的图书而获益匪浅，尤其是现在，越来越多的人倾向于定制信息，只阅读那些自己感兴趣的东西。非定向扫描有可能让我们找到一些问题的答案，而这些问题是我们原来没意识到的或者不知如何明确界定的。

在变幻无常的环境下，主动的、开放式的扫描方法尤其重要，此时一些意料之外的数据可能变得非常重要。在复杂环境中，扫描必须是由假设驱动的，但同时又必须是毫无偏见的。在稳定的环境中，被动扫描可能已经足够了，然而在缓慢变化的环境中，被动的、开放式的方法就更能够起效。最理想的状况就是，你的公司根据需要同时使用这两种扫描

第三章

方式。

发散式视角:既见森林,又见树木

将定向扫描和非定向扫描结合起来可能是最完美不过的方法了。例如,美国联邦调查局(FBI)在训练特工时,就使用了一种叫做"发散式视角"的扫描方法。训练时,特工并不特别注意某个人,只需远远观察,目标是在人群中发现可能的刺客。一旦特工确定了目标,他就会寻找一些变化。例如观察有没有人不停地四处环顾,慢慢地将一只手放到大衣口袋中?特工要从数百张面孔中,寻找到那名刺客;可疑的举动就会引起特工密切的关注。[4] 通过运用定向扫描和非定向扫描这两种方法,特工就可以在相当大的区域内找到刺客的蛛丝马迹。

要把发散式视角用到企业中来,管理者不但需要一个开阔的假设范围来帮助聚焦注意力,同时也要随时关注初始假设范围之外的新信息。企业有可能建立一套监视系统,广泛地进行环球扫描,来回答战略问题,同时它还有可能组建特别任务小组或者机动的特别行动小组,用以探索特定的热点领域。这种方式既扩展了视野,又因不必面面俱到,而节省了成本,降低了复杂性。

周边视野中特定区域的扫描策略

如图 3-1 所示,周边视野中不同的区域需要不同的扫描方法。有一些涉及竞争对手情报收集、技术预测和市场研究。而另外一些则是利用新技术在网上进行搜索,或者利用新技术,通过隐喻抽取方式、领先客户分析、趋势跟踪和其他方法形式更深入地掌握客户的意愿。我们依次来看周边视野的各个区域,针对它们提出一些实际的指导方法。

图 3-1　从周边视野中捕获弱信号

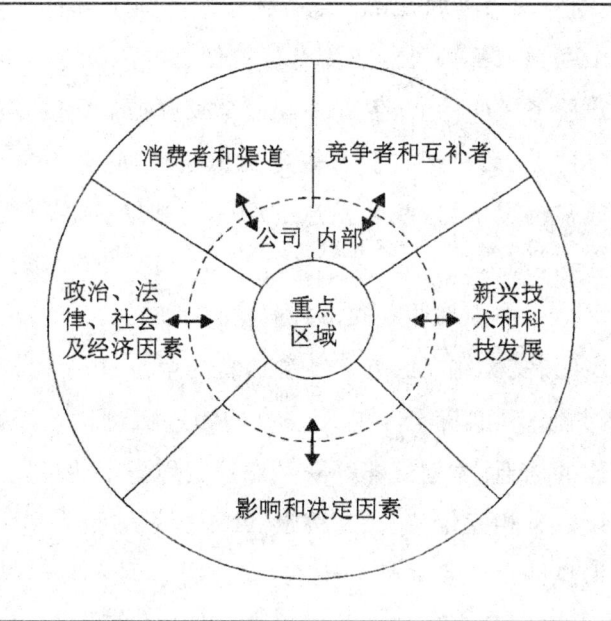

```
         消费者和渠道 │ 竞争者和互补者
                ↕  公司 内部  ↕
   政治、法                        新兴技
   律、社会  ↔   重点区域   ↔   术和科
   及经济因素                      技发展
                    ↕
            影响和决定因素
```

从内部开始扫描

主动扫描流程可以从公司内部开始。在许多企业里,决策者并没有真正了解其内部信息。例如,一家公司的首席执行官正在搜集有关竞争对手的信息。在一次公司高管团队会议上,制造部副总裁偶然提到,这个竞争对手购买了跟他们公司类似的设备,这一迹象表明两家将展开正面竞争。这则关于竞争对手的情报就存在于公司内部,但那位副总裁直到召开这次会议时,才清楚地认识到这是关系到战略的问题,才意识到这条信息的价值。公司的规模和范围往往会造成信息分散、不协调。毫不夸张地说,这家公司并不了解他们掌握了哪些信息,未能清楚地了解大家的意见,就将之加以合并整理。

公司越大,与周边领域的联系点也就越多。销售人员不断地与顾客

第三章

打交道,研发团队在贸易展览会上听到各种传言,零售店员记录客户们的抱怨,并不断要求企业推出新产品,财务人员则了解竞争者对手的资金需求。每个联系点都有可能成为有价值信息的聆听点。例如,大部分公司都有客户服务呼叫中心,但许多公司都没有把这样的呼叫中心作为有价值的信息源,反而只把它们看做是支出项目,并努力将其运转费用压至最低。通常情况下,这些联系点上的人员都缺少专业技能,无法正确识别和理解弱信号。

为了提高公司在内部捕获周边视野信息的能力,公司必须具备以下几点:(1)适当的、实实在在的能够共享信息的渠道;(2)大部分员工了解企业扫描的问题;(3)实际分享有用信息的激励机制。人们必须保持一种持续和自如的沟通,才能使那些联系点的工作事半功倍。这反过来就需要企业建设一种相互信赖、相互尊重、鼓励探索的企业文化,全体员工都要认识到信息分享的重要性。现在,太多的公司还只仅仅在那些"需要知道"的人员之间分享信息。第七章中,我们将探索企业在更深程度上进行信息分享的能力。

聆听市场的呼声

除了内部扫描,公司还要把目光投向外部的顾客或者渠道。顾客可能出乎企业的意料,引领或者改变某一具体产品的使用方式,例如用手机来发短信,或者将防虫液变成柔肤液。虽然手机的键盘,并不适用于发短信,但是许多顾客(特别是年轻人)非常钟情于短信,他们通过巧妙的缩写克服了设计上的限制。而消费者正在通过使用维生素及各种治疗方法,例如按摩疗法和顺势疗法,改变着医疗场所的空间布局,而那些方法都并非源自传统的西医。然而,来自财务报表的日常数据、区域性的销售数据、新闻稿件、周期性市场调查以及其他来源的信息非常杂乱,因此市场的四周边界往往模糊不清。

扫描——如何查看

互联网大大增加了信号拥堵的情况，但同时也创造了一些机会，能够最大限度地让企业洞察顾客的想法。日益强大的工具有助于监视和解释互联网上的大量信息，比如卫星风暴跟踪系统，可以识别出不断浮现的商业风暴或者晴好天气（见"充分利用互联网"）。

充分利用互联网

在娱乐圈，想要找到下一个麦当娜（Madonna）或者其他冉冉升起的新星，应该在何处寻觅呢？ 要想在这个领域找到这些未知的信号，一个比较好的途径就是阅读高中学校的报纸。阅读文字版的学校报纸是一项艰巨的任务，但现在可以在线阅读电子版，即使从这些非常冷僻的出版物当中，我们仍然可以发现一些流行趋势。通过网络扫描，大公司甚至能够探知无名少年记者的思想。

网络会导致数据过多，这是十分危险的，这会遮掩周边视野，然而，新技术却能够帮助提取出相关的有用信息。IBM公司的Web-Fountain网络搜索技术使它能够收集互联网上的大量数据，创建一个主动扫描和提问的平台。WebFountain平台以网络接入协议和与内容生产商的定制协议为基础、以每天5 000万页的频率关注网络上的新信息，包括网页、博客、公告栏、企业数据、授权内容、报纸、杂志和行业期刊。互联网上的绝大部分信息是非结构化的。而Web-Fountain平台却提供了一种整合的方法，能够对结构化和非结构化的数据进行非常先进的文本分析。这个系统得到了正在进行的IBM研究项目的支持，在5个国家有超过250位科学家正致力于先进的文本分析研究。

WebFountain平台能够追踪公司信誉状况，监测对公司的负面

第三章

> 报道或者投资者的不满,追踪趋势和竞争对手的信息,识别即将出现的竞争威胁,了解顾客的看法。但是,这种工具再强大,其重要性也比不上那些由用户提出的问题。

客户和渠道的流失是一个问题,而伴随着这个问题,往往还有两种更加麻烦的情绪,一是傲慢("因为我们已经成功地把产品销售给了顾客,所以我们知道市场的需求"),另一种是自满("信息对我们的前辈来说是足够的,所以对我们来说也是足够的")。通过主动扫描周边视野的各种方法,企业就能够克服这些隐伏的狭隘观点。[5] 这些方法包括:

- **监测投诉者和诋毁者**。前一章中已经讨论过,通过学习投诉者和诋毁者提出的意见,可以克服针对客户的目光短浅的问题。虽然他们采用不同的方式,但这两个群体的顾客都会表达一种沮丧情绪——他们的需求并未得到满足。而这能够启发企业寻找日益增长的不满情绪的来源或者潜在的市场机会(见"关注博客")。

> ## 关 注 博 客
>
> 2004年9月12日,一个网名叫"非审美"的自行车爱好者在网上的讨论区发了一篇帖子,这篇帖子写到,可利泰公司(Kryptonite)的车锁用一只普通的比克(Bic)圆珠笔就能打开。这篇帖子很快被一个知名的博客网站引用,并在互联网上迅速传播开来。一周以后,英格索兰公司(Ingersoll-Rand)旗下的可利泰公司发布了一则模棱两可的声明,表示下一批车锁将更加"牢固"。不满的情绪继续蔓延,问题很快从博客转到了主流媒体,《纽约时报》和其他一些出版物都对这件事进行了报道。由于媒体的关注,截至9月19日,大约有180

万人已经看到了关于可利泰公司的那些帖子。公司感到了空前的压力。9月22日，也就是最初那篇帖子发布的10天之后，公司宣布将免费更换出现问题的车锁，据估计，可利泰公司为此损失了1 000万美元。[a]新闻主播丹·拉瑟（Dan Rather）和美国参议员特伦特·洛特（Trent Lott）就此获悉，博客能够使周边视野中的一个弱信号迅速发展成为一个核心焦点。[b]通过对博客的密切关注，公司能够学到很多。一些公司，例如太阳微公司（Sun Microsystems）、谷歌（Google）和雅虎（Yahoo!）都已经创建了自己的博客网站，主动与客户和员工交流，获知周边视野中正在浮现的信息。[c]

   a. David Kirkpatrick and Daniel Roth,"Why There Is No Escaping the Blog," *Fortune*, January 10, 2004, 44–50.
   b. www.cnn.com/2004/TECH/internet/09/20/cbs.bloggers.reut/.
   c. David Kirkpatrick "It's Hard to Manage If You Don't Blog," *Fortune*, October 4, 2004, 46.

- **追踪趋势**。不断追踪广泛的社会趋势有助于识别机会，创造新的价值。例如Iconoculture咨询公司观察人们生活方式变化的趋势，并探索它们会创造出什么样的商业机会。[6]还有一些其他的公司，它们分别追踪的是社会趋势［例如，扬科洛维奇公司（Yankelovich）和阳狮公司（Publicis）］、技术趋势［例如，高德钠公司（Gartner）和弗雷斯特研究公司（Forrester）］，还有政治趋势。

- **寻找潜在需求**。潜在需求被定义为"显而易见，但尚不明显"的需求，这个有些离奇的定义却包含了一条非常重要的信息。寻找潜在需求能够克服那种结构化的市场调研方法的缺点，结构化的市场调研方法往往是使用固定的评级体系，从大量样本中获得标准

第三章

化的答案。尽管这样的方法可以捕捉到比较明确的显性需求发生的变化，然而它们却无法揭示潜在的需求和尚未解决的问题。正是聚焦于这些潜在需求，直觉软件公司（Intuit）才逐步调整了业务，从个人财务软件转移到非常方便使用的报税软件，近来又发展到针对非常小的企业的财务软件。

人们已经开发了无数的新技术来帮助公司寻找到潜在需求，例如，问题识别的技术、虚拟情节技术和层层推进的技术，这些方法可以深入探查潜在的需求。[7] 还有一些其他方法，如观察产品购买情况的方法（索尼公司和夏普公司的直销商店采用的就是这种方法）、消费者经济的深度研究方法（包括"度过客户生命中的一天"），和隐喻抽取方法等，这些方法能够进一步揭示消费者的价值观和态度。但是，如果没有细心聆听未能解释故事中的及观察到的行为中的信息，那么所有这些深度探索将毫无价值。

- **发挥好领先用户的作用。** 领先用户代表的这群客户在市场出现之前就产生了对特定产品的需求，他们努力地寻找解决方案。他们甚至已经想出了一个新颖的产品。例如修正液、运动内衣和佳得乐饮料（Gatorade）等产品的出现，都要归功于这样的领先用户，他们都是在广阔市场之前出现的，引领了发展的潮流。公司能够从这些领先用户身上学到不少东西。例如，冰箱制造企业可以从研究超导体的科学家那里学到许多，因为超导技术需要非常先进的冷藏技术来获得超低温。[8] 他们对冷藏产品的需要也许会指明一个方向，给针对消费者或工业品市场高端产品的革新创造机会（例如海鲜批发商使用的瞬时冷冻机）。

- **争取即时反馈。** 通过参加网络社区，客户有时能够参与到产品的开发过程中来。而模型软件能够使潜在客户自行设计或者修改设计，这样公司就能够立刻满足他们的要求。客户的反馈同样能够提供一些潜在问题的早期信号。美国州立农业保险公司（State Farm）最近在它的网络社区上展开调查，询问大家对在汽车里安装监视司机开车行为的黑匣子的看法。大部分讨论小组不喜欢这种想法，他们认为侵犯了个人隐私。[9]通过这种小规模的测试和快速反馈，公司避免了大举推开将导致的巨额花费。

- 寻找先驱者。先驱者分析就是要找到在一个国家或者全球，时髦风尚或者技术革新出现较早的地方。在美国，人们通常认为加利福尼亚是引领社会潮流的地方。而当今的玩具、手机、视频游戏和汽车制造商都会看日本流行什么，因为它们不久将在美国和欧洲流行起来。对于在美国或者其他国家出现的宽带及无线产品，韩国则能启示它的未来发展趋势（见"增加带宽"）。[10]诸如匡威（Converse）这样的公司，会使用"猎酷者（cool hunters）"和趋势跟踪器作为早期预警预报手段，用来预测未来发展趋势和市场模式。[11]猎酷者漫步街头，使用照相机和记事本来捕捉未来发展的趋势。他们已经发现了一些趋势，例如复古风兴起，这使匡威休闲帆布鞋一度流行，还有不断发展的会员文化，通过限量版商品、俱乐部的会员房间和白金卡等等为会员创造一种独尊的感觉。

增加带宽

将来宽带和无线网络将会发展到什么程度？韩国可以回答这个问题。在韩国，75%的家庭已经接入了宽带，有75%的手机使用宽带上网，韩国可以为其他市场指明方向。手机已经成为了"生活的遥控器"，因为用户可以用手机接入银行账户，观看体育比赛，玩游戏，从网上下载音乐试听等等。一种新型手机通过读取射频编码，告诉用户超市里面新鲜产品的有效期。在韩国，智能家庭已经使用通过

第三章

> 网络控制的冰箱,这种冰箱带有平板屏幕监视器和相机,可以用来监控孩子放学后的活动。类似视频节目无处不在,人们能够非常轻松便捷地下载音乐和视频。智能家庭拥有有线的、能通过互联网控制的家庭用具,包括空调、微波炉、洗衣机和吸尘器,所有这些都可以实现受控。人们设计了各种卫星宽带网络,使用它可以在行进的车辆上收看电影和电视节目,用在智能化的卫生间里面,可以进行体检,每天把诊疗信息传递给家庭医生。[a] 易贝(eBay)的首席执行官梅格·惠特曼(Meg Whitman)曾经说过:从韩国可以看到高速宽带的各种可能性。[b] 通过观察这些先驱者,并理解这些发展背后的驱动因素,你也能够更好地理解技术和市场变化的潜在意义。
>
> a. Peter Lewis,"Broadband Wonderland," *Furtune* (September 20, 2004), 191–198; "Korea's Broadband Revolution" Chief Executive, April 2004, www.chiefexecutive.net/depts/technology/197a.htm.
>
> b. In "Man's Best Friend", The Economist: Special Section—A Survey of Consumer Power (April 2, 2005), 8.

- **有效挖掘可利用的数据**。零售商、银行和其他公司收集了关于客户的大量数据,它们正在应用数据挖掘技术来分析它们的数据库,以了解发展模式和发展趋势。随着预测分析方法的发展,预言将来的发展趋势逐渐成为可能。这样使用数据就能够帮助更有效地进行市场细分。例如,汽车保险公司了解到,尽管跑车司机更易发生事故,但是购买第二辆跑车的人,和其他司机一样,并没有发生更多意外事故的倾向。[12] 而这些技术的另一个有价值的应用就是识别出目前公司还未很好占领的快速成长的市场。

- **倾听渠道信息**。终端客户的变化,以及竞争者推出的新产品,零售商、批发商和其他类型的中间商往往是第一个听到。当然,要和他人分享他们所知道的这些信息,未必在他们的兴趣范围之内,不过,这些信息的确值得交流。对较大的供应商和零售商来说,通过电子的方式彼此紧密联系,有助于监视销售情况和预测发展趋势。因为价值和控制力向下转移到这些渠道中间商身上,所以通过他们的眼睛观察市场、预测他们的变化,甚至更为重要。他们计划的增长点在哪里?他们将接受多少供应商?他们是否会很快采用射频识别技术来跟踪产品?

研究竞争对手

对大多数公司来说,它们的竞争对手处在中心视野范围之内。[13] 竞争对手是它们每次战略计划会议的主题,公司会专门花钱请专家研究对手,管理人员会在战争游戏中扮演竞争对手,以此来预测它们的行动和反击行动。在资本密集型产业中,竞争已经演化为一种零和博弈,因此着重观察几个关键的竞争对手是生存的第一要务。密切关注直接竞争对手的专利申请、游说活动、市场测试、招聘制度的改变等等举动都是极其重要的。还有别的方法能使我们理解竞争对手的意图吗?不过,如果直接的和清晰的威胁因素总是优先出现,那么管理者将不会注意到周边潜伏的新竞争者。

过于聚焦在直接竞争者身上不仅会导致目光短视,而且还会促成模仿策略、使得价值定位产品范围过于集中。[14] 当所有的企业展开相似的竞争,那么一些并无竞争的领域就会出现,这个领域将吸引拥有不同商业模式的新企业进入。因此,对公司来说,更进一步的挑战是识别出哪些企业今天不是竞争对手,而明天就可能成为自己的竞争对手。下面是克服过度聚焦于直接竞争者的方法。

• **扩大视角**。通用电气公司早期秉承的格言是它的每一种业务都

第三章

要成为行业中的佼佼者,虽然这种思想对优胜劣汰非常有效,但它最终却导致了对业务的狭隘理解。它使管理人员研究市场时,非常狭隘地以获得希望的领导地位为目标。这种狭隘的定义,限制了对潜在机会的识别,仅仅聚焦于占优势的市场份额,妨碍了对新市场或者新方法的理解。因此,后来公司要求其业务主管改变这种格局——研究市场时,市场份额只占10%。这种转变意味着他们必须关注的问题当中,有90%都在他们当前的业务范围之外,例如,其他的竞争者、区域、渠道和周边的市场机会等。

- **小心低端竞争**。公司通常容易忽视低端竞争者。我们回顾一下20世纪90年代杜邦公司的情况。90年代早期,杜邦的经理们发现其整体业务的增速开始放缓。包括传统的主打产品,如涤纶聚酯,还有尼龙工程树脂这样的新业务。随着销售量的下降和竞争的加强,行业内大部分细分市场客户都不愿意为杜邦的优质产品支付溢价。杜邦的每个事业部都各自决定把重点放在更有利可图的高端产品市场上,把低端市场让给周边的新竞争对手。而这些低端竞争者将扩大的销量转化为更低的成本。

杜邦公司没有充分认识到低端竞争者的重大影响,选择了战略性退出,而这导致很低的生产效率和日益提高的单位成本,使其面临低端竞争者更加激烈的竞争。为了向过去学习,更好地应对来自低端市场的竞争,公司的一群管理人员聚集在一起,对这种新的威胁进行了分析,从公司成功和失败的经历中吸取教训。他们逐渐了解了这种威胁,知晓了为什么那么多业务部没有察觉到它们。他们优化了流程设计,对来自低端竞争的威胁进行预测,并制定出先发制人的战略。这群管理者后来成为遍及整个公司的一个学习型网络的核心,他们不断地识别和消除公司出现的盲点。

加里·哈梅尔（Gary Hamel）和 C.K.普拉哈拉德（C. K. Prahalad）注意到,人们往往会忽视那些资源禀赋贫乏的竞争对手。他们曾经指出:"……如果要从竞争运气的无尽变化中得到一个结论,那就是:最初的资源地位只是成为未来行业领袖的一个非常不起眼的因子。"[15]

- **创立虚拟的竞争对手。** 为了使公司灵敏地发现视线范围外的可能出现的新竞争对手,可以指派一个由多学科人员组成的小组来创立一个虚拟的竞争对手。理想的状态是这个竞争对手是市场中的成功企业。这个小组需要充分考虑公司的脆弱点,以及可能的市场波动,制订一个完整的企业战略。在本章开头提及到的那家医疗设备公司就是这样做的,它指派了一个小组来评估药物治疗对当前业务的影响程度。公司本身能采用这个战略中的一部分吗？能否通过改变市场环境来降低竞争对手获得成功的可能性？

- **从互补性产品处获得线索。** 互补性产品也能够提供一些竞争者的潜在意图和早期变化的信号。互补的概念能够增加市场对你的产品或服务的需求。例如,高清晰电视（HDTV）销售之前需要进行兼容网络编程,反之亦然。互补性产品可以给出关于周边视野的线索,揭示竞争者的真正目的。例如通过观察互补性产品,索尼公司发现,微软的 Xbox 产品挑战的正是索尼的 playstation 2 产品所拥有的全球游戏控制台的市场领袖地位。微软为游戏开发者提供的是兼容编程工具的单一平台,开发出的游戏可以在 Xbox 和基于视窗系统的个人计算机上使用。因为微软的软件可以在两个平台上运行,所以索尼在游戏平台开发上的优势荡然无存。通过仔细了解互补软件的开发商,索尼认识到了自己面临的这个由微软公司的战略引起的威胁。[16]

第三章

查看技术的走向

显而易见,公司的核心技术将是其首要的关注焦点,但能改变游戏规则的新兴技术是什么呢?农业可能看起来与技术革命相去甚远,但农民和农业设备制造商必须密切注意拖拉机技术的进展(例如,安装全球卫星定位系统的新设备)、生物科技(遗传工程种子),以及能够有助于销售谷物和其他农产品的拍卖网站等等。特别是许多小农户,往往会忽视周边视野中农业经营的变化趋势。

公司如何能够在专心当前的同时密切关注技术的未来进展呢?主要有以下几种方法:

- **实验室调查**。许多"一夜成名"的技术是在 20 或 30 年之后才被人们意识到。计算机的鼠标第一次面世是在 1968 年,当时同时推出的还有超媒体和多重视窗,但直到 1986 年,鼠标才作为苹果公司的麦金塔电脑的一部分出现在市场上。[17] 1843 年,苏格兰技师亚历山大·贝恩(Alexander Bain)就获得了有线传真机的发明专利,直到 20 世纪 80 年代,传真机在数次改进之后才实现了商业化。未来的一些创新,很有可能现在就在公司自己的实验室里。
- **广泛扫描**。对潜在技术的探究应该非常广泛。参加会议,或者花一天的时间阅读《连线》(Wired)、《技术评论》(Technology Review)、《科学美国人》(Scientific American)也许是一种花费不多的纵览行业全景的方式。相对而言,阅读学术和技术期刊则需要更多的时间和专业知识,但它们却可以提供更深刻的理解。除了技术文献以外,还有其他许多地方可供你寻找来自新兴技术的机会和威胁,包括:

1. 公司内部的跨部门小组,他们推动新发现在各个部门加以应用。

2. 公共的技术特许组织，它们提供可搜索到的数据。

3. 信息中介，例如 Innocentive 公司和 Nine-Sigma 公司，它们将遇到问题的公司和那些提供解决方案的独立研究人员联系起来。

4. 风险投资企业，它们擅长于识别出潜在机会（许多公司都已经在内部创建了这种风险投资基金）。

5. 科学大会或行业会议上组建的非正式的网络，它们能够汇集独立研究专家们的工作成果。[18]

- **寻找聚合点。**从周边视野中预测出技术的发展轨迹可能相当困难，因为技术的应用通常出现在多种技术交汇的地方。当计算机技术和网络接入技术的平行发展交汇在一起时，互联网就实现了大发展。因为数字化技术的出现，手机获得快速发展。宽频上网日益普及之后，互联网语音协议（VoIP）系统才得以出现。[19]电脑打印技术结合先进的纳米技术和亚微米级的微机电系统（MEMS），产生了新的应用领域。典型的应用实例就是台式机的生产，厂家根据计算机的指令，在当地加工塑料或金属的零件，鳞次栉比。更有甚者，有些人认为，通过先进的"打印机"，可以在计算机的指令下利用纳米技术把碳转化成任何物质。因此，为了获得对技术发展趋势更深刻的理解，就要探究技术聚合的可能性。

- **深入思考技术的含义。**一旦管理者明确了新兴的技术，他们就必须思考这些技术的含义。例如，关注基因研究的保险公司有可能会考虑，如果他们能够确定投保者的基因组成，那么这种能力是否会改变其现有的基于保险统计的业务模式呢？研究学者奥布里·德格雷（Aubrey de Grey）在《技术评论》杂志上面发表了一篇关于将生命延续至"永恒"的文章，向保险公司提供了更复杂的

第三章

机会和挑战。[20]尽管这一理论研究的极端论点可能看起来不太现实,但它很有可能产生重大突破,实现长寿。举例来说,保险公司开始提供长寿保险,在人们没有生活能力的时候,长寿保险可以让他们继续生活下去。这种保单保证了人们可以获得生活所需的一定的收入,类似于反向抵押贷款。寿命的增加会改变这种产品的整个内容。寿险公司对于那些特别长寿的客户应该怎样开具保单呢?

诸如未来研究所(The Institute for the Future)这样的机构能够帮助人们更充分地理解科技发展的影响。这家研究所对不同的专家组进行调查,获取他们对将来可能出现的环境变化的意见,然后,将这些关于技术和人口结构变化的不同见解融汇成清晰的技术图。这种分析让人们从技术识别层面转移到了解更深层意义层面。具体的企业可以分析这些发现对于其具体的市场和企业而言,究竟有什么含义。

向影响者和决定者学习

影响者和决定者是指人、组织和机构,他们具有的影响力大大超出其规模。贸易协会、分析家、媒体评论员、科研专家、智囊团和咨询师等影响者能够帮助识别和明确未来的发展趋势。将这些人的见解和观点结合起来,就能够探求周边视野中可能出现的机会。下面列出的是一些大家公认的影响者和决定者。

- **媒体**。你可以考虑一下,如果企业在《消费者报告》(*Consumer Reports*)得到了很低的评级,或者《华尔街日报》(*Wall Street Journal*)、《金融时报》(*Finacial Times*)发表了关于企业经营的负面报道,那将带给企业多大的损失。通过影响消费者、投资者和其他利益攸关群体的态度,媒体能够显著地影响企业、行业或者整个经济的发展。就像前面提到的,公司必须不断地关注博客、播客和其他形式的个人日志。

- **大师或专家**。在某些行业中,一些专家能够告知相关的信息,成为大众观点的代表。[21] 例如,一些研究学者和医生可能决定着医药产品信息的传播。在金融服务方面,声名显赫的金融分析师在投资决策方面有巨大的影响力。你可以问问你自己,这些专家的观点是什么?这些观点对你公司未来的发展有什么影响?
- **文化偶像**。在体育界、传媒界和娱乐圈里,少数人的观点能够影响许多人。从鲍勃·迪伦到麦当娜,到波诺,这些文化偶像经常会超出各自的领域,提出对政治和社会问题的见解。思考一下这些偶像当中有哪些会影响你所在的行业和市场。许多好莱坞的明星已经直接地,或者通过他们主演或者拍摄的电影支持各种环保和社会事业[例如《人鱼的童话》(*Free Willy*)和《辛德勒的名单》(*Schindler's List*)]。
- **贸易和税收政策的谈判代表**。虽然这些人通常并不在公众的视野范围内,但是不管怎样,他们在新的贸易协定谈判中,代表着一个行业的利益,他们能够改变行业的发展前景。中国加入世贸组织的多轮谈判和建立北美自由贸易协定对许多行业都产生了重大的影响。哪些税收政策及其他的政策变化会改变你的商业环境呢?
- **说客**。所有的行业协会和绝大部分大的公司都会利用说客密切关注法律及法规问题,并提醒其客户注意那些重要事件。那些拥有自治权和强大权力基础的说客能够对新政策产生巨大的影响力。例如,在美国,关于新的医疗保险药物福利计划的谈判对制药公司产生了巨大的影响,而说客积极参与了这个计划的拟订。

第三章

- **法律及政治领袖。** 曾任纽约州首席检察官的埃利奥特·斯皮策(Eliot Spitzer)受理的公司诉讼案震惊了金融服务行业。旗帜鲜明的起诉以及诸如《萨班斯—奥克斯利法案》这样的新法规对公司及其相关行业会产生巨大的影响。通过关注这样的领导人,你有可能会看到即将发生的变化。正在讨论中的,或已经执行的法律和规章当中,有哪些会改变你的行业呢?

我们应该把这些影响者看做是信息的聚合者和放大者。人们尊重他们的言论,关注他们的观点,而且他们也敢于显示自己的权威。虽然他们会根据局势采取多种多样的方式实施自己的影响力。这群人一定不能忽视。

扫描准则

周边视野的许多信息都很重要,值得关注。一旦你确定了一个很重要的区域,你就可以选择下面的方法来调查研究那块区域。领导者必须监管扫描的流程,聚焦重要的区域,提出问题,集中资源进行主动扫描。领导者还必须权衡深度调查及所需资源。下面是几条指导这个流程的一般性原则。

- **积极地监管这个过程。** 主动扫描始于一些引导性的问题(见前一章),它们可以告诉企业,外部的哪些特定区域应该格外关注。这有助于把注意力和资源集中在周边视野中比较重要的区域。
- **采用多种方法。** 主动扫描的关键是避免过度依赖其他人均会使用的方法和信息来源。为了获得新观点,我们必须能够看到别人看不到的东西。本章讨论的每一种方法都只是局部的和不完善的，所以采用多种方法很重要。在下一章中我们可以看到，对一个问题拥有多种观点至关重要。

- **考虑投入的问题。** 在识别了需要扫描的领域之后，下一步的工作就是创造性地综合整理能够满足扫描过程的所有可能的信息来源和方法，然后根据它们对回答引导性问题的作用进行排序。这里所说的作用是基于观点可能达到的深度和收集信息的成本二者的比较而言的。

- **落实扫描。** 一旦选定了各种主动扫描的方法，必须有一个组织落实的过程。关键问题是：(1)我们应该给持续的资料收集投入多少预算？(2)由谁来收集、校对信息并将信息转入解释的阶段？(3)谁来评论和执行这个过程的结果？

- **把扫描看做反复的过程。** 扫描和确定范围是密切相关的。扫描的结果可能形成一个更大的或者更小的观察范围。管理者可能会发现他们感兴趣的东西，然后扩大他们的研究范围，或者更细致地扫描另一块区域。每次扫描都为下一次扫描提供了新的思路和线索。

看到周边视野弱信号的公司的定位与战略决定了这些信号的意义。例如，芯片固定在衣物上的可携带式计算机，对于定位与时尚的手机制造商和传统的制药企业意义肯定不同。但两个企业都应该在广阔的视野内进行扫描，然后把重点放在周边比较重要的区域。

说到这里，我们就要转向良好的周边视野面临的另一项挑战了。一旦确定了范围，识别出外部区域中重要的信号，管理者就必须确定这些信号意味着什么。实验室里发明出来的可携带式计算机能够广泛流行吗？镶嵌在衣物里面的可携带式医疗设备能够对制药企业造成影响吗？或者这种革新是否会不了了之？通过扫描识别出的不同信号组织起来，

第三章

会形成许多不同的清晰画面。在下一章中,我们将讨论对在外部观察到的模糊信号加以解释的战略。

第四章　解读——
数据意味着什么

"即使人们偶尔发现了真理,他们通常也会不加深究,于是无动于衷。"

——温斯顿·丘吉尔

20世纪初,英国的探险家把住在马来西亚半岛深山老林里的部落首领带到了新加坡海港。他们这样做的目的是想了解,在他看到这座繁荣的海港城市里的轮船、高楼、市场、和车水马龙的一天之后,这个石器时代的部落男子将会注意到什么?留意到多少看到的内容?这天结束后,他只回忆起一件事情——有一个人自己用马车运了许多香蕉。[1]这一令人惊异的场景和这个部落男子的生活圈子很接近,于是它被注意到和记住了。那一天,他在新加坡看到的其他景象对他毫无意义。显然,他能够看到崭新的楼房、轮船、客车、交通和走来走去打扮得怪怪的人,但是对这些新的事物,他缺乏一个参照性的框架。这些东西可能出现在他的中心视野里,但却处于他所熟悉的世界之外。他还没有做好接受它们的准备。这些景象进入他的视野之后,便迅速地从他的脑海中消失了。也许我们会认为我们自己的感知能力要比那个部落男子更强,但我们和他一样,也得面临人类共同的困境:我们很大程度上只注意那些我

第四章

们愿意看到的东西。不管我们在确定范围和扫描方面多么先进,多么全面,我们依然要对所看到的事物进行进一步解释。

当涉及周边视野时,思维过程更为复杂。从本质上讲,这些图像是模糊的、不明确的。它们就像鱼眼晶状体的边缘一样被扭曲,有许多干扰因素。对人类而言,处于周边视野的事物都缺乏细节和颜色。这样一来,对于那些位于人类眼睛"角落之处"的东西,人的大脑往往很容易得出错误的结论。美国土著人有一个很古老的传说,一头小狼感觉正在被勇猛的猎手追赶,这个猎手似乎离小狼总是只有一步之遥,仿佛触手可及,小狼自己的头旁边粘上了一片羽毛,所以小狼无论跑多快,它都逃不掉。许多情况下,在涉及周边视野的时候,针对我们看到的事物,我们总是得出错误的结论。还有一些时候,我们没能看透真正的威胁或者机会,即使当我们注意到它们的时候,已经为时已晚。这两种错误与我们作为个人和组织的理解过程的固有弱点有关(见"填补视野的缺口")。

填补视野的缺口

人类的眼睛在视神经与视网膜连接的路径上会有一小块视觉缺少。但是因为我们大脑的成像功能会无缝地填补这个缺口,所以我们很少注意到我们视觉中的缺失部分。虽然两只眼睛会帮助我们填充空缺的区域,但是即使只用一只眼睛看,我们仍然看不到这个缺口。同样,我们会不自觉地、几乎自动地把我们头脑中图像的空隙填补起来。即使管理人员已经意识到他们的组织出现了盲点,他们仍有可能不知道缺失的是什么。

在"9·11"恐怖袭击事件发生前的5个月里,美国联邦航空管理局(FAA)总共收到了105份情报报告,其中,52次提到了奥萨马·本·拉登(Osama bin Laden)或者基地组织(Al Qaeda)的名字。[2]这些来自于中央情报局(CIA)、联邦调查局和国务院的报告向政府部门传递了信息,但这些信息并没有得到必要的恰当处理。美国联邦航空管理局接到了这些由独立的机构发来的这些报告,但这些机构之间基本上没有彼此沟通。这件事上,在收集信息时扫描是有效的,但"连接信息点"和绘制呈现谜图这一关键的步骤缺失了。直到灾难发生,这些信息的意义才被人了解,但为时已晚(见"已经有人预见到了")。

已经有人预见到了

在许多公司中,关键信息早已存在,但往往不为人知。在"9·11"恐怖袭击事件中,不仅是袭击之前关键信息没有综合起来,而且虽然许多部门知道影响巨大的恐怖袭击可能发生,但并没有采取相应的行动。针对这种恐怖袭击的可能性,有人早就认识到了。例如,1977年10月份,美国军控与裁军署的首席科学家罗伯特·库伯曼(Robert Kupperman)写道:"一般人数不多但训练有素的准军事力量就能够使纽约城或者其他的大都市孤立很长时间……显然,如果能够监测到明确的目标,恐怖分子就不必借助核弹或者生化手段来制造灾难……西方国家,甚至美国,在应付常规战争以外的任何形式的战事方面都显得准备不足。"[a]从前还有一份报告专门描绘了恐怖分子开着飞机撞击高楼大厦的景象。

a. Robert Kupperman, *Facing Tomorrow's Terrorist Incident Today*, Washington, DC: Law Enforcement Assistance Adminstration (October 1997).

第四章

蓦然成像

确定范围和扫描(前面章节讨论的)与发现谜图信息点相关,但如何把这些谜图信息点联系起来则更加重要。然而,我们借用的这个谜图的比喻简化了这个流程。大多数情况下,这些信息点组合在一起时,会形成多种不同的可能画面,但一旦我们抓住了一个景象,就很难改变。有时候,改变图片中的一小部分就能够改变整幅图片的认知结果。

例如,图4-1中呈现了一幅模糊的图片,通过添加或者删除一些线条,这幅图片能够变成截然不同的画面,如图4-2所示。典型地,人类的意识不是一个渐进的过程,而是一个离散的过程;渐进过程中,一幅模

图4-1 你看到了什么?

糊的图片是慢慢出现在视觉中,而离散过程中,一些额外信息能够突然导致一幅完整的图片映射成不同的图形。这就是为什么额外的信息来源和不同的观点,在形成整幅画面时会如此重要。这些额外的观点可以增补一小部分元素,而这些元素能够改变一幅画面,或者让那些原本只看到老鼠的企业也能够看到人。

图4-2 你看到的是一个人还是一只老鼠?

一旦锁定了这幅画面,就很难看到其他的可能性。极端的情况下,这会导致产生一种现象,宗教研究者把它描述为"笃信"。它指的是一个新的皈依者接受了一种完全不同的世界观,从此他通过这个新的而且始终不变的视角来看待一切事物。[3] 在不太极端的情况下,我们经常是接受世界现有的某一种固定模式,而这限制了我们了解其他观点的能力。尽管很少有企业对员工的生活有一种信仰式的统治,但是许多企业中都存在一种组织压力,迫使员工采取某种思维定势。如果每个人都认为这幅图片是一个人的脸,那么那个提出它同样可以被看成是一只老鼠的人就需要很大的勇气。个人和组织都会存在一些偏见,而这些偏见会阻碍对来自周边视野信号的准确理解,这个问题下面将会进一步讨论。

第四章

三角测量的重要性

正如人类有两只眼睛,能够利用三角测量和视差进行深度感知一样,企业也可以使用多重视角,从而更加深入地了解周边视野(见"视差的力量")。当通用汽车公司开发 OnStar 车载卫星导航系统时,它能够利用其在技术和营销方面的专长来识别将出现的市场机会。通用公司成功开发 OnStar 系统,在很多人看来,都是一个关于创新的实例,但是他们并不了解这个潜在市场是如何被识别出来,并得以进一步开发的。通用公司 1997 年在卡迪拉克汽车产品线中首次推出了 OnStar 功能,这种功能是以远程信息处理为基础的,它包含无线通讯、汽车监控系统和定位装置。这项新的尝试对于汽车市场而言,正是处在其周边视野最偏远的角落中。首先,OnStar 与汽车设计和生产没有任何关系。其次,远程信息处理与汽车的价格、可靠性、舒适度方面的竞争关系甚微,而这些因素都是传统汽车行业竞争的焦点。最后,它的市场规模很小,在初期,OnStar 产品主管切特·休伯(Chet Huber)设定的目标,就是每天吸引 50 位新客户,而通用的客户数一直是以百万来计的。

视差的力量

视差是三角测量中一个特殊的情况,是指由于观察者位置的改变,物体相对远方背景发生的明显移动。因为人的两眼之间有两英寸多的间隔,所以人们是利用立体镜视野的视差来看清物体的深度的。借助由两个观察点和物体形成的三角形,以及背景,我们就能够计算出物体的水平位移(它可以是我们视觉中不那么精确的估计,也

> 可以是非常精确的天文或航海测算)。你可以试验一下,相对于一个很远的背景去看一个近处的物体,每一次闭上一只眼睛。你看到了吗?物体看上去发生了水平位移。与此类似,在观察周边视野时,多个角度(我们不能局限在两只眼睛这个范围内)能够使观察更深入细致,能够帮助我们理解所看到的一切。

通用汽车公司是如何成功地监测到这个存在于周边视野中的机会,并作出有效反应的呢?通用汽车公司收购哈斯电子公司[Hughes,以及后来兼并的电子数据系统公司(EDS)]让它接触到了远程信息处理的技术。但当时最大的未知数并不是技术本身,而是市场是否接受这种东西。1995年,通用汽车公司进行了一项研究,专门了解购买汽车时影响消费者决策的关键因素。这项研究包含了26个因素,根据对顾客的重要程度和目前的满意度排序。[4]通用汽车公司发现,虽然顾客在产品满足"移动性"需求方面都非常满意,但还有四个因素揭示了消费者有一些重要的需求并未得到满足,即(1)个人关注度;(2)有限的时间和精力;(3)隐私;(4)个人安全感。[5]了解到顾客对个人关注度和安全的需求,以及对新兴技术的理解,通用公司在这些因素交汇的地方发现了机会。截至2004年,OnStar产品拥有了250万客户,占有了70%的市场份额,收入大约为10亿美元。而其他公司在识别和应对远程信息处理技术方面就稍逊一筹了。例如,2002年,福特汽车公司向它与高通公司(Qualcomm)合资成立的翼播公司(Wingcast)取消了1亿美元的投资。尽管OnStar的成功有许多方面的原因,然而对营销调研的启示及对技术趋势的把握帮助通用汽车公司抓住了重要的机会。

从不同角度查看同一种现象就能够实现三角测量,它能够帮助识别物体在三维空间中的位置。与人类只有两只眼睛不同,企业能够利用更

第四章

多的"眼睛"来领悟它们所看到的。把谚语故事"盲人摸象"中的所有"盲人"汇集起来,公司就能够看到更完整的"大象"的图像。虽然每个视角都会有偏差,但从各个角度来看,公司就可以把握事态的发展,识别新的机会(见"企业家看天空")。在周边视野领域,谜图的各个部分可能模糊不清,或者根本就是缺失的,这时看清完整画面的能力就显得特别重要。

企业家看天空

有一位企业家,正在推销一种新的车道沥青涂层产品。他花了800美元,根据常规的邮寄地址列表散发广告,效果一般。这位企业家从前是一名计算机技术员,他拓宽思路,找到了一种新方法,他利用谷歌地图提供的新的在线卫星测绘技术,来识别沥青车道集中度高的区域。然后这位企业家把营销瞄准在这些区域内,结果大大提高了成功率,而且营销成本也显著降低。通过突破自身业务和传统经营方式的局限,他能够了解位于周边视野领域的技术在目前业务中的应用。[a]

[a] Kevin Post, "Satellite Photos Find the Market for Jet-Black", the press of atlantic city, July 8, 2005.

我们研究过一些成功的企业,例如强生公司(Johnson & Johnson)、宝洁公司以及IBM公司,我们发现,这些公司都是积极主动地针对同一引导性问题,采取不同的角度,了解各方观点。这种做法有助于将那些虽然很弱但重复出现的重要信号从背景干扰信号中分离出来。因为我们只有两只眼睛,所以拥有多个角度就很关键,理由是一样的。我们就能够进行三角测量,确定视野的深度。[6] 正如达·芬奇(Leonardo da

Vinci)所观察到的那样,要真正看清一样东西,我们必须至少从三个不同的角度来观察。[7]

使用多种方法

要看到整幅画面,一种方法是远远不够的,因为所有的方法在某些重要的方面都可能有缺陷或受到限制。举例来说,当管理人员努力了解一种新兴技术时,他们很有可能会将之与具有类似特点的技术做类比。但这种类比会出现偏差,因为一些非常关键但并不为人知的因素使得两种情形根本不具备可比性。使用德尔菲法对专家进行调查,预测未来产品的需求情况,这有可能只是汇集了一些无用的信息。尽管任何一种方法都有局限性,它们都容易产生某种偏见,但是如果把多种方法组合在一起,那么就可以获得较高的可信度。[8]

例如,公司有时能够通过使用不同的方法,更好地预测对新技术的需求,而不仅仅是调查潜在顾客。20世纪70年代早期,施乐公司(Xerox)通过分析紧急信息传递的范围和频率,估测出了市场对传真机的潜在需求。之后它将传真机与邮件、电话、电报等现有产品进行了对比。使用这种方法,施乐公司预测传真机产品在20世纪70年代大约会有100万台的商业市场。事后看来,虽然这个数字是低估的,但它比使用其他方法预测的结果高出很多。但是施乐公司就像赌博中把赌注押错了,它并没有重视计算机之间的传输,而只是提供专门的传输设备,这样它就错过了从这条重要信息中大量获利的机会。

使用情景想象的方法让你既看到人又看到老鼠

针对任何问题,除了明确不同的角度和方法以外,情景规划还可以提供另外一种方式来看待问题,它从多重角度解析周边视野的一系列信号。例如,有一家大型报业公司就使用情景规划的方法从多个不同视角

第四章

来审视一项技术革新。然后它从每个情景角度出发,仔细分析某个新的信号。例如,1999年,报业企业听说施乐公司推出了一种新的服务,可以把定制的报纸通过电子版的方式传输到旅馆或其他地点,用户自己打印出定制的内容。也就是说,到国外旅行的游客能够看到他们家当地的新闻,或者读到母语报纸。

这个信号有多重要呢?它是否意味着旅馆的客人再也听不到报纸扔在门口的声音?或者这个信号根本无足轻重?答案取决于情景的设定。在"常规商务"情景下,这种新的服务体现了一种小众市场(即旅游者市场),而且它还是实体报纸之外的一个备受欢迎的、可供选择的分销渠道。它提供了新的机会,可以使报纸到达传统的地理范围以外,并且提高了客户忠诚度。而如果是另一种被称为"网络媒体"的情景,人们很快就接受了电子传送的渠道,那么这种为酒店定制报纸的业务则预示着家庭印刷定制报纸时代的到来。这种发展可能会摧毁现今报业经营所依靠的根本基础(它们的印刷机和实体分销网络),同时更加精细的市场细分会改变传统的广告方式。这个世界已经不再需要报纸印刷机、运货卡车或者大众营销式的广告信息,它们已经失去了价值。

通过多种情景审视某个弱信号,管理人员就能够更好地探知它的潜在意义。如果他们认定这个世界还处在"常规商务"的状态下,那么他们可能会低估这一信号。而另一方面,如果他们认为这个世界肯定成为一个"网络媒体"的世界,那么他们可能会反应过度。虽然,这种建立在情景基础上的分析并不能消除技术发展或者消费者接受方面的不确定性,但是如果能增补一小块谜图,那么管理人员会理解得更好。他们现在能够看到更多的可能性,而不仅仅是早已熟悉的东西。

同时看到客户和竞争者

如果企业只关注其客户或者竞争对手,而不是同时关注两者,那么它也会遇到麻烦。1991年,埃克哈德·法伊弗(Eckhard Pfeiffer)成为康柏公司(Compaq)的总裁,他意识到,公司把主要焦点放在与IBM的竞争上,因而忽视了消费者需求的变化。与IBM争来斗去意味着康柏不愿意接受二级定价,因此就无法到达更大的消费者市场,结果将市场份额拱手让给了那些定价竞争对手。如果康柏公司能够更多地关注消费者而不是纠结在与IBM的竞争上,它可能会更早地发现个人电脑市场发生的重大变化。再举一个例子,如果杂志出版商只关注消费者,那么虽然它跟上了市场需求,但它却没能看到对手可能的合并或者技术的进步,而这些将会把新的对手引入市场。企业必须同时关注竞争者和消费者(还有其他的利益攸关各方)。只侧重于一个或另一个都会造成重大的盲点。

有一家经营地毯加工业务的企业,通过仔细审视客户和竞争对手,它迫使管理团队正视三个对其不利的现实:由于终端消费者对供应商品牌的认知提高,所以供应商日显强势;零售商联合在一起,控制力也随之高涨;而且企业没有差异化的产品。公司在认识到这些之后,退出了地毯业务。通过斟酌挑战自己的思维模式,企业的管理人员就能够识别出周边视野中存在的这些威胁。最后,他们意识到,他们的业务已经不再有利可图。

以上我们只是给出了几个例子,说明多个视角和多种方法在解释周边视野中的信号扫描相同问题时,似乎出现重叠的现象可能会使效率低下,就仿佛人的两只眼睛乍看起来好像有点多余似的。但这些重叠部分可以实现另一个重要的目标——它们可以交叉检验,因此能够验证弱信号。而且它们还可以帮助个人和集体弥补视野的不足,下面将进一步讨论。

第四章

我们为什么会思想僵化

为什么我们会竭尽全力去掌握周边视野中的信息呢？这是因为我们的思维模式和认知失真会导致识别能力受到限制（见"观察与识别"）。通过了解多种观点，我们能够弥补一些个人认知和情感上的偏见。[9]我们必须重视并防范这些偏见。然而，现实中存在的各种观点，诸如小集团思想这样的组织偏见仍可能遮蔽周边视野中的信息，即使视野范围宽广、主动扫描的公司也是一样。

观察与识别

接收到信号和看清事实之间存在着差异。科学家们认为，刚刚出生的婴儿眼中看到的图像是上下颠倒的，最终会在与世界的联系中扭转过来。我们似乎将这种灵活性一直保持到长大成人。曾经有一项很有意思的心理学测验，被测者要戴上眼镜，这种眼镜会把他们看到的图片上下颠倒过来。刚开始，就像我们所预料的一样，他们看到的事物都是上下颠倒的，但几天之后，他们报告说看到了的图像正过来了。而当他们摘掉眼镜时，他们的正常视觉是上下颠倒的（这种情况持续了一会儿）。[a]被测者也会有出现错乱的情况，那些大脑视觉组织受损的病人虽然能看到物体，但却不能识别。例如，他们能够很好地形成一幅鸟的图像，但却把它看成是树桩。[b]奥立弗·萨克斯（Oliver Sacks）讲过一个著名的例子，一个人视觉功能紊乱，把他的妻子看做一顶帽子。显然，观察和识别之间是存在差别的。就像伊曼纽尔·康德（Immanuel Kant）强调的一样，如果没有规则（它指的是我们在脑海中将现实进行组织分类的功能）。^c 我们就无法感悟。例如，如果在我们脑海中，并没有形成对鸟或鱼这些动物的了解，不知道这些概念，那么我们就根本不可能识别出鸟或者鱼。通常情况下，我们看到的往往是我们所期望看到的东西。这就是为什么那个部落人在他的新加坡之行中，仅仅看到了一车香蕉。

a. www.physlink.com/Education/AskExperts/ae353.cfm.
b. Steven Pinker, *How the Mind Works* (New York: Norton, 1997), 19.
c. Immanuel Kant, *The Critique of Pure Reason* (London: Macmillan, 1933).

我们的思维模式会显著地影响和决定我们看到的结果。这些模式通常是无以名状的，在潜意识中影响着我们。因此，对它们进行分析或质疑并不容易。一旦我们接受了某一个模式，我们通常会自觉地把它套进现实中（见"珍珠港丢失的信号"）。举例来说，生产消费品的一家企业的研发经理可能会有这样一种思维模式，认为产品的设计属于一种低层次的简单功能，最后一刻再考虑也不迟。但是与其不同的是博朗公司（Braun）这样的企业就会认为，好的设计不光能够让人悦目，而且在制造和服务方面还应该是经济可靠的。它们会在新产品开发流程的最初阶段就考虑产品的设计因素。

珍珠港丢失的信号

1941年12月7日早晨，驱逐舰"沃德"号的舰长听到了从珍珠港传来低沉的爆炸声。在这之前这艘驱逐舰曾经向一艘驶向港口的敌军潜水艇投掷了深水炸弹，当时这艘潜水艇还没有浮出水面，看起来这艘潜水艇已经被击沉了。而当驱逐舰向港口驶回的时候，他们听

第四章

到了低沉的爆炸声,舰长对他的海军少校说:"我猜他们是在炸山修建从珍珠港到火奴鲁鲁(檀香山)的一条新路。"尽管那天早晨,他遭遇了那艘外国的潜水艇,这已经很不正常了,但是这位舰长利用和平时期的思维定势来判断那些爆炸声,没能注意到美日之间的首次交战的信号。他认为天下太平的思维定势根深蒂固,以至于他把爆炸声想成是修路,而没有认识到实际上已经发生了空袭事件。

a. 这个例子的提供者是悉尼·温特(Sidney Winter)。资料来源:Roberta Wohlstetter, *Pearl Harbor: Warning and Decisions* (Stanford University Press, 1962); and Gordon Prang, At Dawn We Slept (New York: Penguin Books, 1981)。

当人们试图对复杂局面作出均衡的判断时,各种各样的认知偏见和动机偏见会对人们产生显著影响,周边视野中的模糊信号就属于这种情况。每当相反的证据或者关键信息缺失的时候,人们就会绞尽脑汁,抛开事实真相,陷入先入为主的误区。默认的假设或推论会填补知识的空缺,而这些假设和推论往往会依据一种预定的思路,从而产生偏见,这个微妙的过程大多是在不知不觉中发生的,它解释了为什么人们对许多问题能够持有完全相反的观点,甚至当他们根据常识和共有的信息作判断时,也是如此。从陪审员裁决到关于伊拉克战争的意见,或者关于堕胎、死刑这样争议很大的主题,人们通常会立场坚定,而且想尽办法找到新的证据来证实自己以前的观点。

偏颇的解释

尽管真正的客观性可能是一个遥不可及的目标,但管理者必须了解人类在推论和判断时常犯的错误。我们在这里通过一些简单的例子说明几种主要的错误,看看信息是如何被过滤和解释的,人们是如何竭力寻找更多的信息,以证实先前的观点的。这些偏见产生的直接影响就是,我们会用某一特定方式看待一个特殊的问题(而没有充分理解其他可能的观点),并且过分相信我们自己的看法。[a]

- **过滤**:实际上,我们注意到的东西很大程度上取决于我们希望看到的东西。心理学家把这叫做"选择性感知"。如果一些事情和我们想象相去甚远,我们通常会歪曲事实,使之符合我们脑海中已经形成的模式,而不是对我们的假设提出质疑。有一个相关的现象,叫做"启动效应"。如果我们将会看到一幅模糊不清的画面(例如本章前面提到的老鼠或者人),假如大约一个小时之前,我们曾经在别处看到过图片a,那么此时我们就会倾向于把这幅画面看做是a,而不是b。举例来说,如果我们读到一首诗里面的一行,里面提到了老鼠,那么将画面看成是老鼠的机会就会增加。最后,我们还必须提防一种很重要的动机偏见,被人称为"压制",它指的是人们拒绝看到现实的真实情况。一个极端的例子,说的是神话里面的鸵鸟看到威胁就把头埋在沙子里面,希望这样做能够摆脱威胁。

- **偏颇推理**:通过我们的认知和情感过滤的任何信息可能会进一步地失真。有一种大家熟知的偏见,即"合理化趋向",它指的是用能够坚持预设信念的方法来诠释证据。举例来说,当我们把自己的错归罪于别人或者外部环境时,我们就落入了这种陷阱。通常情况下,这个过程是在我们毫无意识时就发生了,因为我们总是试图缩小两个极端之间的认知差距,一端

第四章

是我们知道自己错了,而另一端是我们自认为从不会犯错。"想法乐观"是一个与之相关的动机,它指的是我们以一种令人愉悦的方式来看待这个世界。我们看到半杯水时,会认为玻璃杯是半满,而不是半空的,我们会不承认那些细微的证据,表明儿童在滥用毒品或者配偶在说谎。还有一种常见的偏颇解释,是"以自我为中心",即在我们设法解释的事件中,过分强调我们自身的作用。这种自利型趋势与"基本归因"偏见有关,它指的是我们更重视自己的行为而不是环境。换句话说,我们会把自己或者我们所处的组织看做是整个体系中的核心,而实际情况并非如此。

- **支持**:我们不仅会严重地过滤有限的信息,通常还会歪曲解读这些信息,而且我们还会寻找额外的证据,来进一步证实我们的观点。例如,我们会更多地与赞同我们观点的人谈话,或者我们会积极寻找新的证据来证实我们的观点,而不是追求一个不偏不倚的,兼容相反证据的搜索策略,这叫做"证实偏见"。因此逐渐地,我们再也听不到相反的意见,于是我们的看法更加坚定,我们的态度更为强硬。更有甚者,我们甚至可以采取"选择性记忆",可以忘记那些不顺应大局的事实。还有一种偏见,叫做:"后见之明的偏见",它同样会歪曲我们的记忆,以至于使我们原先的疑虑全部消失。于是就形成了一种恶性循环,我们自我封闭、半知半解,以前的偏见进一步加深。

上面这些内容代表了一种极端的情况(像是一阵狂风暴雨),这里所有的错误都指向同一个方向。幸运的是,人类确实有较强的能力来进行批判性思维,而且他们确实也认识到他们的观点可能扭曲了事实,并且是出于自利的目的。但是很少有人真正了解这些偏见的范围和程度。也很少有人真正了解,正是这些偏见使我们无法看到事实的真相。具有探索精神的管理者和企业都必须意识到,深入探索必须要有开放的心态,要测试多种假设,要研究数据,以了解其真正的含义。特别是在周边视野中,自欺欺人、马虎思考、立刻赞同错误结论的风险都是很大的,而且危害严重。

a. J. E. Russo and P. J. H. Schoemaker, Winning Decisions (New York: Doubleday, 2002).

机构偏见

除了个人偏见,机构中的个人通常不会受到"群体思维"的影响,这个术语是由心理学家欧文·贾尼斯(Irving Janis)提出来的。[10]它指的是机构中的人们开始思考一致、行动相同、甚至穿着一样。举例来说,因为严重的安全问题,通用汽车公司最终把Corvair轿车从市场中召回,公司内部人员都已经知道了这些事情,但起初公司并没有采取什么行动。J.帕特里克·赖特(J. Patrick Wright)在《晴天你可以看到通用汽车》(*On a Clear Day You Can See General Motors*)当中写到,通用的高层领导没有一个"会故意生产会对人有伤害的汽车。"然而,企业中以销售量和利润额为目标,这导致他们忽视了"对汽车安全性提出的严正质疑",因此"对可能证明汽车有缺陷的信息没有给予足够的重视。"[11]直到1965年,一位名叫拉尔夫·纳德(Ralph Nader)的消费者代表律师在他的一本书《任何速度都不安全》(*Unsafe at Any Speed*)中,公开指出这款轿车的发动机存在故障及安全问题,之后公司才把这款轿车从市场中召回。

在"挑战者"号航天飞机失事事件中,也出现了类似于群体思维的问

第四章

题,那些看似优秀聪明的管理人员怎么会作出如此错误的决策的呢?研究表明,"三个臭皮匠,未必胜过一个诸葛亮"。只有在一个有效的工作流程当中,团体才会比个人更有效,才能更好地了解并应对外界的刺激因素。那些局部信息只有在大家共享,并且融入一个更大的范围内时,它们之间的相关性才能真正被人了解。在周边视野中,信息的共享尤为重要,因此共享能够克服认知和记忆分散的问题。然而,为了避免信息过度堆积,管理者必须调整企业的使命与战略,使团队中的每个成员都能够了解更宏伟的远景,并知道他在其中的作用。

"意义建构"(sense making)现象出现在复杂的社会环境中,此时人们不仅对别人说了什么内容很敏感,而且对是谁说的也很敏感。从本质上讲,当我们在评价信息的含义时,我们会同时对信息内容和信息来源作出判断。信息来源的可信度受多种因素的影响,例如社会地位、以往经验和政治因素等。因为大部分管理者都是从多种来源获得信息的,所以他们必须警惕可能出现的偏见。例如,医生给一个新病人看病,病人主诉是流感症状,医生就已经在脑海中对可以解释病人症状的各种假设排好了顺序。[12]然而,我们经常是根据学到的东西进行假设和预测,而此时就有可能出现各种偏见。比如上面说到的那位医生可能会不相信病人提供了可靠的回答,也因此可能会忽略一个弱信号。或者他在考虑其他医生的结论时,不仅思考其他医生的专长,而且还会考虑他们的社会地位和权力地位。针对社会中的社交网络是如何影响信息流通的,心理学家曾进行了许多研究,包括企业中相互关联的部门,还有新产品在一个地区被人接受的情况。[13]信息比较微弱或者不完整时,这些社会偏见尤其严重。而处理周边视野中的问题往往就是这种情况。

因为个人偏见的存在,所以你必须综合针对同一问题的不同观点。然而,组织和群体当中存在的偏见却表明,综合处理这些不同观点的方式会影响组织理解周围世界的能力。

解读——数据意味着什么

改善意义建构

个人和组织如何能够克服他们的内在偏见、扫除盲点,改善意义建构?下面是一些有益的方法。

- **寻求新信息已掌握现实情况**。EMC是一家从事数据存储业务的公司,拉里·博西迪(Larry Bossidy)和拉姆·沙拉纳(Ram Charan)曾经分析过这家企业。2001年如何因为忽视了环境的重大变化而导致销售额急剧减少。当时EMC的销售人员在和首席信息官讨论订单减少的问题时,他们信心十足地认为订单只不过是推迟了而已;他们把销售额下滑只看做是一种暂时现象。2001年初,乔·图奇(Joe Tucci)被任命为首席执行官,他开始与客户企业的首席执行官和财务总监展开交流,他发现这些客户企业正在改变经营模式。他们并不希望为了获得最佳的经营效果而过多地投入,而他们真正希望得到的只是能与其他生产商的设备相连的软件。IBM和日立公司(Hitachi)以较低价格销售的机器与EMC公司的产品不相上下。随着EMC公司市场份额的下滑,图奇迅速改变了商业模式,把更多焦点放在软件和服务上,而不是硬件上,这种模式正在逐步取得商业效益。在这个例子中,一旦图奇认识到了新的事实情况,公司就能够调整其机构,适当地作出回应。正如博西迪和沙拉纳提到的那样,最惨痛的生意失败,往往不是因为经营不善,而是没能掌握现实情况。[14]

- **提出多种假设**。企业必须提出关于环境的多种假设,而不是追求简简单单的唯一答案。例如,物理学家迈克尔·法拉第(Michael Faraday)注意到,当改变导线周围的磁场时,电压计就会变动,

第四章

这个偶然发现让他发现了感应电流。也许其他的物理学家也在仪表盘上看到过这个细微的变化,但他们都没有意识到其深刻的科学意义。法拉第在磁场领域,知识渊博,而且兴趣浓厚。他有一种开阔的思维方式,很有创造性,他提出了多种假设。同样,组织必须对弱信号的含义提出多种假设。但不幸的是,组织的意义建构往往是指向单一含义的,因此新的数据被强迫着融入固有的思维模式当中。[15]管理者可能难以容忍不确定性,不愿意花更多的时间来提出各种假设。

- **鼓励有建设性的冲突。**希望达到和谐以及群体思维方式的影响往往会限制冲突。然而,冲突可以是具有建设性的,特别是当它并非针对人际关系或个人性格,而是着眼于当前任务的时候。许多研究证实,针对工作任务的适度冲突会使得决策更优。这种适度冲突能够推动团队成员创建一个更强有力的框架,更好地收集情报,探索更多的选择,更深入地探讨问题。适度冲突使得出现在个人周边视野中的东西可以进入团队的视线。相反,比较和谐的团队却有可能错过一些关键信息。关键性的信息可能就隐藏在坐在会议桌旁缄默的员工的脑子里,但就是那种说不清道不明的人云亦云的沉重压力的存在,他们并不会说出自己的想法。

紧密联系的团体会导致负面的群体思维,而相对灵活的团体的合力往往胜过团队中的个人。詹姆斯·索罗维茨基(James Surowiecki)在《群众的智慧》(The Wisdom of Crowds)一书中提到,许多情况下,群体都能作出比个体更好的决策。[16]特别是当企业创建了一种机制(例如德尔菲投票),并不鼓励一言堂,而是集思广益,那么往往能作出更好的决策。开创一种匿名舆论的氛围是避免团体目光短浅的途径之一。例如,20世纪90年代,惠普公司曾要求员工参与新设立的意见调查,来预测其销售额。员工们可以在午饭时间和晚上参与调查，发表自己的观点，预测未来。而这种市场预测结论比传统的公司预测结论的准确度高出了75%。最近，利来公司（Eli Lilly）就让员工根据药品的特点和实验数据判断一些拟报审批的药物是否能够获得食品及药物管理局的批准，结果是，公司从六种被选药物中发现了最佳的选择。

- **收集当地情报。**迈克尔·马瓦达特（Michael Mavaddat）是一家名叫 Intelligent Pixels 的科技公司的奠基人之一，这家企业主要从事昆虫的视野研究，他曾经提到昆虫的视觉不同于人类的视觉，"昆虫拥有复合透镜系统，大部分观察和识别行为是在眼睛里发生的，而不是在大脑中发生。"他还指出："昆虫有惊人的周边视野，不仅因为它们有复杂的眼睛结构，而且每只单眼都能够'收集身边情报'，当相邻的单眼比较彼此看到的结果时，他们就能感觉到周边发生的变化。"[17]举例来说，在隧道里飞行的蜜蜂通过观察墙壁上图像出现的速度，就能够与隧道墙壁保持相同的距离。相对于那种更为中央集权化的意义建构，企业有时候必须从基层获得更多的信息，形成基层的意义建构。恐怖组织采用的就是这种几乎完全自治的方式，成员独立观察，独立行事，这种方式已经显示出了非常可怕的威力和灵活性。Linux 操作系统及其开放源代码的活动已经利用了各地的设计，从而成就了一个持续性的全球软件工程。

- **通过交流让大家把握大局。**组织中的个人必须知晓信息会对大局有什么影响。否则，这些不相关联的信息将会闲置一旁。人们必须经常、开诚布公地交流。而现在，太多的公司仍然只有在"需要了解"的时候，才开始分享信息。

正如我们前文指出过的那样，要让企业实现聚合和发散这两个貌似

第四章

冲突的目标,可以采用的一种方法就是为将来设计多种情境。每个情境都应该合理地描绘出一种未来可能的状态。如果企业能够同时提出多种情景,那么它就不会陷入一种观点,而且还可以创建一套共同的框架,针对新出现的信号加以讨论。[18]

虽然企业一般会把来自周边视野的弱信号筛选掉,尤其是那些与主流观点不符的信号,但是情景规划的方法却能系统地寻找弱信号,这样就能够预示出市场和社会中的根本性变化。情景规划方法不是削弱那些弱信号,而是放大那张"来自边缘的明信片",这样一来,许多人都可以看到这些弱信号。由于呈现的是多重情境,弱信号在这些不同的情境中会有不同的战略意义,所以公司就能够避免陷入过分自信的陷阱,防止被禁锢在一种观点上。各种情景都保留了不确定性,而研究边缘问题正是面对各种不确定性。[19]

结 论

我们分析了人类和组织在解释模糊信息时面临的挑战,以及如何应对这些挑战。从个人层面上讲,最大的问题是人类会有各种认知和情感上的偏见,自己却毫无意识。这些偏见会影响人们的各种判断,在周边视野中,信息更为模糊,此时这些偏见就会产生更大的影响。当数据清楚,可信度高时,人们很容易得到正确的感知。但模糊程度很高时,我们就很容易歪曲这些弱信号数据,直到它们变成我们希望的那样。

有效的信息共享和三角测量的方法能够帮助我们克服这些解释方面存在的偏见。但是除了更好地"把现有信息点连接起来"以外,管理人员还可以收集更多的信息,更好地理解周边视野中发生的事情。探索和学习周边视野的过程是下一章讨论的重点。

第五章 探查——
如何更仔细地探索

"思想家把自己的行动当做是实验和尝试,当做是探知的努力,对他来说,成功或者失败就是最重要的答案。"
——弗里德里希·尼采(Friedrich Nietzsche)

当 18英尺长的手工制作的独木舟、高尔夫球和哈里-戴维森牌摩托车被带进追悼仪式中时,约翰·卡蒙(John Carmon)很清楚地意识到,人们对于葬礼的态度正在发生变化。他看到人们已经从追悼亡人逐渐转变为赞颂故人的生平(爱尔兰式的葬礼就是一个很典型的例子)。卡蒙先生说:"人们对自己与灵魂之间关系的看法有了很大的转变。"卡蒙先生是位于康涅狄格州的卡蒙社区殡仪馆的负责人。他说:"很多年以前,当有人去世时,人们会遵照他们的宗教传统进行悼念。现在,人们更看重的是这个人,以及在更大范围内他的角色作用。现在更加追求个性化。"[1]

在美国,参加有组织的宗教活动的人越来越少,而追求个性化的人越来越多,这一现象导致人们对于死亡和追悼仪式的态度发生了变化。火葬的人数增加了,这样葬礼在时间上和形式上就比传统的葬礼有了更大的灵活性。火葬人数的增加不仅反映了人们观念的转变,同时也代表

第五章

了人口流动性的增强和在一些大城市当中公共墓地资源的短缺。

随着这些早期的变化迹象的出现,卡蒙以及其他殡仪馆的业主应怎样去更多地了解人们的态度变化,并预测他们自己的生意呢?应死者家人的要求,卡蒙已经试验过采用更多的个性化服务,现在他准备在更大的范围内推广他的实验。2005年4月,卡蒙在康涅狄格州的埃文(Avon)建立了一个新的家庭生活中心。它看起来一点也不像一个传统的葬礼场所。中心的设计思想是提供非常灵活,而且非传统式的葬礼服务。中心安装了50英寸平面电视,葬礼中它可以播放照片和录像,中心还提供互联网服务,这样位于世界不同地区的人们都可以参加葬礼,并且发送电子邮件以寄哀思。卡蒙甚至还招聘了兼职的策划人员,来提供细致的服务,就像婚礼筹备或者其他重要纪念活动那样。

虽然大部分的殡仪馆都只是服务于一个很小的区域,但是这座新的中心打算按照婚庆公司那样的方式从更多的地方吸引顾客。但这种想法当中有许多不确定性,并且尚未得到充分的验证。尽管这是一个未经证实行之有效的模式,然而卡蒙和他的团队非常努力地尝试和调整。除了密切关注市场的趋势外,他们也分析人口统计资料,并对新的中心所在的地区进行社区调查。这似乎是一个家庭生活中心可以发挥作用的市场。然而,真正的考验才刚刚开始。卡蒙在开业之前说,"我们是在一个全新的市场中把握重要的机会"。

在开业后的头两个月内,他们给11个家庭提供了服务,而且人们对新设施的反应也非常好,尤其是对网络这样的新技术更是给予了很高的评价。事实上,佛罗里达的一个家庭使用这项新服务的事情登上了《哈特福德报》(*Hartford Courant*)的头版,这篇文章紧接着被美国另外四个城市的报纸转载,随后又引来了美国有线电视新闻网(CNN)的采访。卡蒙对此提到:"真正的考验将在这种服务推出一年之后,看人们是否能够继续接受这种方式。"但是,他已经在筹划在其他地方扩张经营了,他计划,接下来的两年内,在另外两个地方增配网络照相机,还有呈现遗像的投影仪、屏幕和DVD等等。

适可而止

当像卡蒙这样的企业领导者注意到,家庭要将独木舟和摩托车带到葬礼现场,或者火葬的比例逐步上升,他们应该怎样回应呢?这些趋势会继续延续吗?企业怎样才能更好地理解这些变化所代表的含义?第一步,通常是对周边视野进行探索。这使得企业能够将注意力转向不同的弱信号并且能够更深入地观察它们。如同我们所讨论过的那样,周边视野中的信号经常是模模糊糊、黯淡无色的。一旦一个有趣的信号被识别出来,下一个挑战就是何时及如何通过更深入的调查让它变得丰富起来。

然而,问题的关键在于,不能反应过度。毕竟,信号是微弱模糊的。它们存在着各种可能性,即使这些弱信号真的有什么含义,它们预示着什么,仍然有极大的不确定性。葬礼中赞颂生平的那种趋势是否会继续下去,或者会发生大逆转,回到传统的方式上?这种趋势会加速发展,还是会有预想不到的转变?葬礼企业会不会朝着一个全新的方向发展?尽管火葬数量在快速增长,然而新的环保型墓葬地已经有了,这里不是传统的墓园,没有围栏,是天然的墓地。在这些林地中的墓地里,埋葬死者时并不采用生物降解的棺椁。[2]这种趋势会蔓延开来吗?它是否会减少人们对火葬的兴趣?对这个行业将会产生什么样的影响?

探查的目的就是搜集更多的资料,开展试验,提出各种选择方案,更好地了解周边视野信息代表的意义。有时候这意味着要从更广泛的角度收集资料,以便验证假设的正确性。有时候它意味着要进行一项实验,就如同卡蒙曾经做过的一样。有时候信号没有任何意义,这个时候

第五章

就应该放弃它们。

卡蒙开办了八家殡仪馆,其中大部分都是传统式的。他并没有将新的模式推广到所有业务中。他把那个新的家庭生活中心看做是一次尝试和一次学习的机会。在那里,效果良好的方法将会在未来被推广到其他社区。这是对行业中出现的新情况作出的一种渐进但有节奏的反应。

对三种反应的剖析

通过开展探测周边视野信号的实验,卡蒙在对模糊信号作出反应的三种典型方式中选择了中间那条路。[3]

1. **观望和等待**。当出现相互矛盾的信息,因此不确定性极高时,或者当企业拥有足够的资源,可以成为"快速跟随者",并被其他公司引领的情况下,使用这种被动的做法是恰当的。当没有明显的先动优势,并且行动的风险很高时,观望和等待往往是一种好方法。如果不采取任何行动的潜在影响很小,那么这种方法就更应该采用了。

2. **探查和学习**。当不确定性降低或者不作为的代价增加时,就需要采用更积极的做法。这些积极的做法会有很多种,例如运用先进的研究方法对市场进行专注探索,也可以是为保障权利针对协议条件展开谈判。基本思路是,采用严谨平衡的战略方案组合,目的是继续留在竞争过程中,而不是被竞争对手或外部事件踢出局。

3. **坚信和引导**。当有较好的机会或者威胁迫在眉睫,或者超越竞争对手采取行动会带来优势时,全面推进的举措是有必要的。如果从周边视野汇总来的信息支持这种大胆的行动,那么这种更积极的反应是有理由的。这种方法还要对针对周边环境的模糊信号采取行动存在的风险有一个全面的认识,避免自欺欺人,空欢喜一场。

这三种基本战略是联系在一起的。本章的重点在探查和学习的方法上,尤其是加强探查的各种真实的方法。下一章我们将分析坚信和引导战略,尤其是揭示明确机会的方法。自然地,这两者是相互联系的。

利用情景来探查信息的含义

为了了解商业环境的变化以及它们对殡葬业的影响,卡蒙的第一步是探求各种弱信号可能的暗示。这要求识别出所有的信号,然后列出各种观点或者情景,此时要用一种战略的方法突出那些关键的不确定性因素。卡蒙担任了全国殡葬理事协会(NFDA)的主席,他提出协会应该努力帮助其成员适应这种变化。协会举办了一次为期两天的研讨会,近百位行业领袖参加了研讨会,与会者勾画出今后殡葬业发展的四种可能的情景。这些设想中,有消费者偏好的轻微变化和产业的渐进发展,也有消费者偏好和产业结构方面的巨变,图5-1概括了这四种情景。

图5-1 殡葬行业的未来发展的四种情景

产业结构的变化		消费者偏好的变化	
		轻微的	显著的
	渐进的	传统规则	各种追悼方式
	突破性	许多切入点	适者生存

资料来源:国际战略决策有限公司(DSI)和全国殡葬协会理事。

关于该行业的这四个情景设想有如下几个作用。首先,它们提供了

第五章

学习的内容。当出现了新的信息，它们可以很恰当地被归入某一类情境。因此，那些原本会被当成随机产生的干扰因素的新信号就能够列入一种模式。举例来说，个性化手机的发展曾被视做与殡葬业风马牛不相及，但现在可能被视为向着"各种追悼方式"或"适者生存"这些情景方向发展的一个信号。第二，通过监测这些信号，当某一特定情景出现的可能性越来越大时，领导者可以更加迅速地感受到。这种意识可以帮助认清大局，使得企业早于竞争对手或者在机会失去之前采取行动。第三，这些情景展示了人们对于世界将如何变化的各种假设。领导者们可以设计一些实验，来证实其中的一些假设，从而加速学习的过程，例如卡蒙的新中心就是这样。卡蒙现在还可以检验针对变化的世界所设计的不同经营模式的效果。最后，这些实验还可以让企业培养组织能力，适应各种情景，这样，不管未来是怎样的，它们都一定会成功。

分析对业务的影响

卡蒙的新中心试验不仅可以让人们了解到外面的世界正在发生着怎样的变化，而且它也可以对参与竞争的新型经营模式进行测试。传统的殡葬业强调实物，比如殡仪馆、灵车、棺材等等。除了火化这种殡葬方式的变化，原来的业务模式正在演变为家人选择购买一些殡葬产品和服务。举例来说，互联网企业可以以八折优惠价销售棺材，而且保证在几天内送达。在过去很少讨论的价格竞争，现在已经变得非常公开化，而且具体项目的收费也分别列出来。信息技术的进步不仅提高了价格的透明度，而且它还通过视频和互联网的方式使得异地的亲人可以参加葬礼，这些都使殡葬企业增加了收入。

这种对业务影响的探索，还有助于鉴别新的竞争对手。殡葬业发生的变化可能会促使消费者越过传统的殡仪馆，把目光转向公司新的竞争对手。举例来说，医院和收容所，这些与死亡最接近的机构，也许可以充当一些殡仪馆的角色。有一些连锁饭店的主要业务就是专门庆祝人生的关键时刻——比如出生、洗礼、婚礼、周年庆等，它们可以很容易增加一些其他类型的纪念服务。作为他们探查和学习的一部分，卡蒙和其他的业界领导人探讨了这个行业发生的变化会如何为那些非传统型的竞争者创造机会。电话公司也可以用这样的思路，他们可以沿着这条思路明确来自于有线电视公司、无线通信公司和其他高速互联网接入企业的威胁。

另外，已经提到的这些变化，对人力资源及业务流程可能产生举足轻重的影响。如上所述，卡蒙招聘了一位活动策划人员。随着提供更加个性化的服务，葬礼司仪从仅仅只是一个指挥的角色转变成了协调高度定制殡葬服务的角色。在旧有的模式下，葬礼司仪只是指明如何瞻仰死者遗容，车辆如何排队，以及走哪条路去墓地。但是在某些情景下，这种相对比较独断的角色发生了巨大的变化，发展的方向有点像婚礼司仪，其中消费者是占主导地位的。这些不同的情景引发了我们的思考，让我们深入思考一个失去亲人的家庭，在我们前面描述过的四种未来情景下，他们举行葬礼的那一天会有什么不同，以及现行的方式会发生怎样的变化？这种思考反过来又会从人事安排、员工激励和组织流程方面对企业有所启迪，让企业更好地掌控变化。

探查和学习如此关键的原因是，随着环境的不同，这些情景变化的速度和特点都会存在很大的差异。即使是总体的人口统计趋势，例如人口老龄化，或一个民族人口的增加，在不同的地区或社区都会产生不同的影响。如果殡仪馆设在一个高端社区中，人们可能非常欢迎约翰·卡蒙推出那种全新的服务。但是，如果殡仪馆设在一般的、非常传统的社区当中，那么人们很可能会选择观望的态度，看看这些变化会产生什么结果。因此，企业领导者必须对他们各自的客户群和社区所处的大环境进行认真探查，这样才能了解各种弱信号所代表的真正含义。

第五章

寻求更广泛的信息

有时候，一个来自周边视野的信号会引发人们在更大范围内搜索信息。举例来说，马修·西门斯(Matthew Simmons)担任能源公司并购业务的顾问已有31年了。他人脉很广，几年前，他曾经应政府的邀请访问了沙特阿拉伯，目的是更多地了解该国巨大的石油储量。虽然同行人员对沙特接待方的演讲印象深刻，但是西门斯却没有被打动。事实上，它对一件事非常警惕，即沙特政府宣称有如此庞大的石油储量，但这些储量数据却没有进行过任何的外部独立审核。而他真正注意到的却是一位阿拉伯石油公司的高管告诉来访者，他们正在使用先进的统计手段，比如模糊逻辑的方法，来估计剩余的石油储量。也许"模糊逻辑"这个术语在西门斯看来不太对劲儿，或者他还有其他的一些疑虑，但是，西门斯非常强烈地感觉到，他必须展开自己的调查。他还注意到了周边视野中有些事情不太正常。现在他需要做进一步的研究。[4]

不幸的是，关于沙滩大量油田的储量、历史和特点几乎没有独立机构提供的数据，只有沙特政府公布的少量数据。这些油田有很多，其中最大的一个叫做加瓦尔(Ghawar)，其产量占沙特全国石油产量的近一半。这一油田已经开采了50多年，累计产量达550亿桶。世界每天石油的消费需求量是8 500万桶，而这一油田就生产了500万桶。西门斯很清楚，油田是出了名的变化无常，因为要抽水抽气以保持开采压力，所以，最多只有40%的储量可以真正被开采出来。在阿曼，一个开采了多年、每天出产96万桶的油田，在2001年开采量突然急剧下降。如果这种事情发生在加瓦尔油田身上，也就是世界依靠的那个巨大的沙特油田身上，那么会怎样呢？西门斯找到了大约200篇由沙特的石油工程师们撰写的、发表在世界各地的专业会议上的论文。它使用这些数据，设计了他的储量预测模型,并得出了沙特显著夸大了其石油储量的结论。西门斯的这本书名叫《沙漠的黎明——沙特石油冲击与世界经济》(Twilight in the Desert: The Coming Saudi Oil Shock and the World Economy),书的题目就清楚地传达了西门斯的信息,而那正是沙特和各方强烈争议的一个主题。[5]

无论西门斯最后被证明是正确或者错误,当一切都还非常不明朗的时候,像他这样的高管必须在众多的弱信号中选择关注的东西。这个过程往往一开始是由直觉引发的,之后就会有大量的现场调查。当然,并不是所有的直觉最后都能有个结果。但是当西门斯一发现异常信号,他马上就开始探查细节,而这些细节是别人没有注意到或忽略掉。这种对周边视野信号的灵敏感知和迅速捕捉是本章所要讨论的问题。

设计实验和方案

探查和了解周边视野最好的方式之一,是恰当地设计一种试验,这种试验有助于减少信息的不确定性。这些试验应该能够检验与业务有关的具体设想和假设。这些试验,比如像卡蒙的新型家庭生活中心,为组织提供了一个通向新业务领域的窗口。它不仅能够提供资料信息,而且还能为企业提供一种方案,让企业根据市场反馈意见来扩大投资和建设试点。除了大规模投资这种方式以外,还有另外一种方式,称为实物期权式投资方式,它与金融期权非常类似,也是先进行小额投入,当不确定性减少时,再大举投入(见"实物期权")。

实 物 期 权

许多管理者都了解金融期权,而实物期权非常类似于金融期权,

第五章

它指的是一些战略性风险投资(即不能在金融市场上进行买卖或套购),将风险后移的做法。基本思想是,不确定性减少之后,当前的小额投资为未来的进一步投资提供了一种选择。在金融领域,典型的是看涨期权,它能够提供一个机会,但在下跌的条件下可以不交割。它允许投资者在其后的时间里投入更大。举例来说,如果投资者购买了100股普通股的期权,那么他就可以在一个特定的时间段内用约定的价格购买股票。如果股票价格上涨超过约定的价格,投资者的期权可以看做是以折扣的价格购买了股票;如果股票价格下跌或者低于约定价格,那么投资者损失的也只是为购买期权所花费的小额资金,而不是在股票上的全部投入。"期权"这个术语所包含的意思也就是,投资者有在将来购买股票的权利,但没有这个义务。

从战略上讲,实物期权也可以达到类似的目的。例如,一家公司可能会投入少量资金来了解一种新兴技术或一个新的市场,它可以通过自己的实验室进行研究,或者投资启动一个研究计划或者推出一个试验性活动。如果这项举措取得了成功,那么公司可以凭借预先约定的条件继续投资开发或者推广这项技术。万一试验不成功,那么公司所损失的也仅仅是已经投入到项目当中的少量资金。通过使用实物期权这种方法,公司一方面可以让它的先期投资保持在较低水平,另一方面,还可以掌握新兴技术,保持一些潜在的领先优势。

实物期权相对于根据净现值或者其他折扣现金流进行静态投资评估等方式,提供了另外一种可能性。那些静态的投资评估办法认为现金流的风险是固定的,可以明确地量化,但情况往往不是这样,特别是在处理周边视野问题的时候。因为一项新技术或新产品可能遇到的风险是不为人知的,而且会随着时间发生改变,因此要对折现率进行准确预测就很难成功。相比之下,用实物期权的思想来考虑

探查——如何更仔细地探索

> 问题就可以清楚地看到探查和学习的价值,探查和学习可以在进行大量投资之前获得更准确的信息。
>
> 和金融期权一样,实物期权也会增加灵活性。实物期权使企业可以压缩业务、扩大业务、订立合同、终止合同、或者对项目进行修改。实际上,这些方法可以让企业通过对周围环境的快速了解来确定这种关注是否确有必要。一方面,这将有助于企业留意到周边视野中那些重要的问题,另一方面,企业也无需投入过多的注意力和核心资源。[a]
>
> a. William Hamilton, "Managing Real Options," in *Wharton on Managing Emerging Technologies*, edited by G. S. Day and Paul J. H. Schoemaker, 271–278, (New York: John Wiley & Sons, 2000).

例如,有一些制药企业和医疗机构正在密切跟踪一个称为纳米生物学联盟的研究机构,它的目的是建立一个纳米实验室。这项技术就是,用只有一平方厘米大小的一个计算机芯片,就可以感知上万种不同的蛋白,从而进行疾病的早期诊断。这种新的诊断技术有助于找出那些药物可以控制的致病分子。这些企业通过较小的投资来研究这项技术,而随着技术的发展,它们有权对科研成果的商品化进行大额投资。事实上,他们是把探查、学习和创造机会融为一体。

投入学习

尽管实物期权投资最终都将产生实际的经济收益,然而从短期而言,最大的回报就是人们可以掌握新的知识,能够更好地了解周边视野的发展。举例来说,中央情报局成立了一个非赢利性的私营风险投资机构,名叫"In-Q-Tel",主要目的是有效地探查和学习那些有可能应用到情报领域的新兴技术,[6]"In-Q-Tel"主要是与其他投资者合作向科研项目注入启动资金。虽然投资会产生收益,但是"In-Q-Tel"的主要兴趣不是赚钱。它更感兴趣的是这种方法可以让中央情报局掌握对其工作极其重要的新技术。这个机构为中央情报局提供了一个机会,让它可以在各种新兴技术萌出之时就深入研究。

举例来说,"In-Q-Tel"早期的投资对象之一是设在拉斯维加斯的SDR公司,该公司主要开发数据分析软件,用来发现数据之间的隐藏关系。虽然该软件的主要设计目的是为了打击赌场作弊现象,但是,它也可以应用到中央情报局,它们可以利用这个软件分析自己掌握的数据,掌握有关恐怖组织的网络和其他潜在的威胁因素。拉斯维加斯的赌场与位于弗吉尼亚州的中央情报局总部非常远,但是"In-Q-Tel"却帮助它掌握了这项位于周边视野的技术。通过这项投资,中央情报局可以更快地了解该软件的应用和发展。

在不同类别的学习过程中使用期权

实物期权能发挥多种用途。兰·麦克米伦(Ian MacMillan)和丽塔·冈瑟·麦格拉思(Rita Gunther McGrath)用"机会组合"这个术语来描述各种不同的实物期权。这些组合反映了新兴技术和市场不同程度的不确定性。(见图5-2)这个矩阵的目的是提供一个框架,针对由低到高各种风险水平下的投资组合,进行测试、提供测试评估,并进行资源分配。这里有几种特别符合探查和学习过程的期权。

- 侦察期权。这些谨慎性的投资都是为了发现或者创造市场,比如In-Q-Tel公司的风险投资就属此类。"侦察"这个来源于军事的词语,比喻的是:你派出侦察兵去寻找敌人,即使这些侦察兵有去无回,将军至少可以知道敌人在哪里。这些方法适用于产品或者技术相对确定,而市场不确定的情况。通过小额的试探性投资,公司可以不必巨额投资,大举推广商品,就能够了解市场状况。

- **定位期权**。这些谨慎性投资适用的情况是:有一个清晰明确的市场机会,但有许多不明确的产品或者经营模式,企业希望保留这一投资的权利。其目标是付出少量代价,学到很多东西。比如,在移动电话及相关技术的早期发展阶段,许多公司都面临各种不同的标准和大量的不确定性,无法确定哪种标准将成为最终标准。由于存在不确定性,企业可能使用实物期权的方式,让自己在所有的主要标准领域都占据一个位置。微软曾在20世纪80年代中期使用过这种方法,它投资了各种操作平台,其中包括自己旗下的DOS系统、IBM公司的OS/2系统和苹果公司的Macintosh系统。[7]一旦某种标准确定下来企业就可以迅速推进,而如果一直没有共同的标准,那么企业就得建立多个产品线。

- **跳板期权**。这样的期权适用于市场和技术都具有极高的不确定性,所以在保证投资的可行性之前,你必须尽量减少固定投资和沉没成本。这些小规模的初步尝试可以帮助你积累经验,你可以用它来做跳板。例如,日本三洋公司最早是为手表和计算器这样的低端产品开发太阳能电池;而早期的电池可轻易为这些产品充电。有了在低端产品应用方面的经验,公司改进了技术,解决了技术上不确定性的问题,提高了效率,并让它获得了一些收入,使其最终进入高端产品的应用领域,比如为工厂供热的太阳电池板。通过一系列这样的跳板,企业不仅可以学习有关技术,同时还可以继续扩展它在该领域的业务。

第五章

图 5-2 期权投资的多种用途

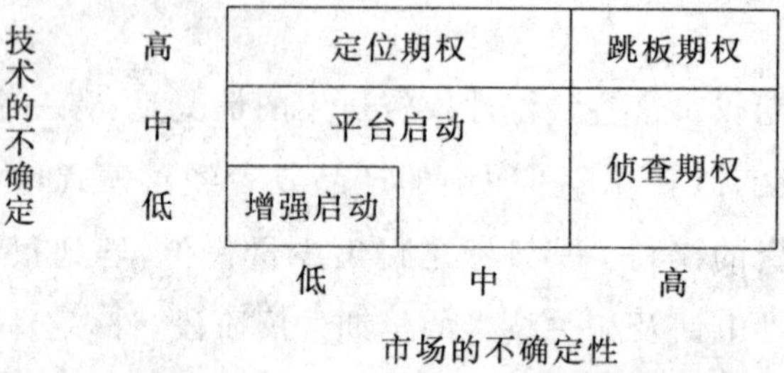

技术的不确定性			
高	定位期权	跳板期权	
中	平台启动	侦查期权	
低	增强启动		
	低	中	高
	市场的不确定性		

资料来源：Ian MacMillan and Rita Gunther McGrath,"Crafting R & D Project Porfolios,"Research Technology Management（September-October 2002）：48-59。

更广泛的投资会超越探查和学习阶段。平台启动就是其中一类，比如吉列公司的新型剃须刀技术，这种投资为企业进一步改进产品提供了可能性。当弱信号变得足够强，足以让你下更大的赌注时，这些投资最为适用。增强启动是另一种投资方式，它建立在现有的平台之上。同样地，此时市场不确定性减弱，这些投资不再是针对探查和学习，更主要的是去发现一个明确的机会。

麦克米伦和麦格拉思提供的这个框架可以帮助我们了解各种期权投资的方法。一些发现驱动的投资规划有助于鉴定、测试和跟踪不确定性举措依据的假设。在这里，新的投资被看做是一系列的假设——有一些是明确的，还有很多是不清楚的——这些假设必须要尽快展开测试。与其静观这些假设在正常业务过程中被证实是正确的或者是错误的，管理者可以选择其中一些关键的部分，通过审慎的探索过程尽快进行测验，这类似于在一个确定的区域当中探测关键信号。举例来说，他们提供了一个工具，称为"逆向损益表"，这种工具迫使经理们识别出隐含在目标财务收入中的关键假设。这些假设反过来又可以将人引向达到这些目标所需的重要条件。这样的框架可以帮助管理者更好地发现关于经营的各种假设对经济效益的影响，并且可以更快地了解到哪些措施有效，哪些无效。同时，它使管理人员可以更果断地决定何时撤资或加速投资。[8]

寻找运气

除了有助于测试假说以外，任何实验都可能会带来意想不到的启示，杜邦公司就是这样，当它开展生物试验时，它发现了一系列非常有吸引力但不确定性都很高的机会。新技术可以变废为宝，比如玉米可以改造成为有价值的石油替代品，新技术还可以创造出多样的生物材料。但是，究竟哪些可以最终赢利呢？

杜邦生物材料开发部副总裁兼总经理约翰·拉涅里（John Ranieri）博士说："有太多的生物技术需要思考，选择并进行投资"。[9]"我们面临的挑战是：怎样才能掌握足够的知识，并把这些支离破碎的信息综合在一起？我们开始用一种与以往不同但更明智的方式来提出问题——这种方式能够带来意外的惊喜。事实上，如果没有什么让你大吃一惊，那说明你还没有提出正确的问题，因为在这种环境下，你应该会为某些事情大吃一惊。"

杜邦公司就利用了实物期权的方法来探讨这个不确定的周边领域。为了推动生物技术的发展，它与美国政府联合立项，启动了一个经费达4 000万美元的项目。为了探索生物材料，杜邦公司也进行了10多项投资，涉及领域包括可持续材料和能源应用生物表面技术，以及医疗技术。"我们一直在问，怎样才能降低不确定性？我们怎样才能获得一个继续发展的平台？"

采用这种低成本的学习方式使得杜邦公司在世界范围内辨别出投资机会。例如，有一个项目提出可以采用一种称为甲烷分解菌的生物来开发高附加值的化学产品，但是这一过程需要大量的甲烷和发酵罐。杜

第五章

邦公司在挪威找到了一家企业,这家企业已经建成了发酵桶,用来处理作为石油加工副产品的甲烷,然后二者组建成了联盟。杜邦公司将自己的软件和挪威的硬件结合起来,并没有花费过多的投资就对项目进行了验证。

"在早期阶段,技术和市场都尚未完全成形,我们就利用实物期权的思维方式来帮助我们构建投资的框架,"拉涅里先生认为,"这个阶段,很多东西都不明朗,所以不能采用诸如净现值那种传统的评价标准。"这种做法使杜邦公司的初期投入很少,而且在技术明显不能成功时,尽快撤资,这样就避免了项目超支。

杜邦公司认识到,在周边视野领域,总有很多东西不为人知,所以最好的方法就是保持初期的投资要少,并且要学会尽快减少不确定性。这种做法让企业不仅对假说进行检验,而且还有意想不到的斩获。正如拉涅里所说:"我们发现,有些事情是预料中的;但是我们也发现,一些最有趣的事情往往是出乎意料的。"当他们进行实验时,管理者必须做好准备,知道会有意外发生,并且从中学习。学习让获得好运的机会增多。

故意犯错

虽然大部分实验的目的是为了验证一个假设的正确性,但有时候,公司可以用故意的过失进行更广泛的探测。[10] 故意犯错的战略是用来测试那些有可能是错误的关键观点。举例来说,广告大师戴维·奥格尔维(David Ogilvy)就曾经在他的测试中故意加入了一些他认为会失败的广告。大多数结果符合他的想象,但是偶尔也有例外情况。他这样做的目的并不仅仅在于测试广告本身,更重要的是测试他的整个体系,或者测试人们对广告的观点。奥格尔维能够先于竞争对手观察到市场和社会中的新变化,就是因为他只把自己这种故意犯错的战略看做是一组有缺陷的假说。信用卡公司目前也会正常地接收一些他们原本会拒绝的顾客,目的就是测试自己的经营模式。

从长远来看,这些类型的故意过失能够产生很大的收益。就在贝尔系统解体之前,美国的电话公司必须向辖区内的所有新用户提供服务。全美国每年共有1 200万新用户,每年的坏账金额超过4.5亿。为了防范这种信贷风险,同时也为了防止顾客对设备的滥用,经法律许可,每一个贝尔运营公司都可以强制一小部分用户支付保证金。究竟该选择哪些用户呢?每个公司都开发了复杂的统计模型,要求那些看起来有较高信贷风险的用户缴纳保证金。但是,即使公司是按照他们当前的模型作出了最优的决策,他们也从来没有真正了解这些模型本身是否正确。于是他们决定故意犯个错儿,投入数百万美元,来验证一下。

在将近一年的时间里,贝尔公司从那些被认为信贷风险高的用户中随机挑选出了近10万人,公司不要求他们交纳保证金。对这些用户不要求保证金显然是错误的,因为有些人肯定会不支付电话费或者可能把电话卷跑。贝尔公司知道此举会造成他们数百万美元的设备损失和坏账。但是公司非常希望了解这些信贷风险高的客户与其余用户相比而言,真实的情况是怎样的。

令他们诧异的是,相当多的被认为是"不良"的客户实际上按时、足额支付了他们的款项。而且,有一些"不良"的客户与"优良"客户一样,并没有损失或者窃取话机以及相关设备。因为有了这些新的发现,公司重新调整了自己的信贷评级模型,建立了一个更为高效的筛选战略,该战略在接下来的10年当中,每年都为公司增加至少1.37亿美元的收入。事实证明,这是一个后效极佳的错误。在第一年,通过这个刻意犯的"错误",公司获得了缺失的信息,这使得公司在接下来的几年当中能够更明智地作出选择。[11] 从本质上来讲,他们是在自己知识库中的隐藏区域努力探索。

大多数实验是测试一个被认定为真实的具体假设条件,而故意犯错

第五章

的战略意图显然是测验那些原本认定是错误的假设条件,但是(假如它碰巧是真实的),那么它可以改变整个思维方式。如果我们真的想对周边视野做有效的探测的话,我们必须平衡好正面测试(针对我们认定是正确的东西——例如贝尔公司)与负面测试(针对我们认为是错误的东西——例如戴维·奥格尔维失败的广告)。大多数公司往往是从不慎失误中发现学习的价值,但很少是通过故意犯错来进行深入探测。

当然,任何人都可能反复持续地犯错误,比如从楼顶跳下来去看看是否真的会受伤,因此我们必须对要犯的错误进行战略选择。虽然任何企业都不应该一直犯错误,但是故意犯错很明显能够帮助我们探索周边视野的信息,在这里我们必须把错误的与正确的观念区别开来。通过从更广阔的视角看待问题,你可以获得更多的机会,探察你周围的世界,挑战自己的想法。正如詹姆斯·乔伊斯(James Joyce)所说的:错误"是发现的入口"。

结论:快刀斩乱麻

迅速和高效的学习是对周边视野作出反应的关键。一些公司能够早于竞争对手了解周围发生的事情,这样的公司会在周围出现机会或者威胁时更迅速地作出反应。本章提及的促进和加速学习的方法有以下几种:

- **利用各种情景来学习。**情景法不仅可以帮助预测未来,而且还有助于探查和学习。各种情景将看起来随机出现的信息组合在一起。通过情境法我们可以了解,哪些信息和启示是必不可少的,它们还可以帮助企业探求不同的未来局面会对企业产生的影响。[12]

- **利用快速和代价小的实验方法来加速学习。**实验是了解周边信息最好的办法。实验要尽可能地投入小,风险小,见效大。尽管好的周边视野在辨别机会的时候很重要,而周边视野的真正意义在于探查出失误。
- **利用实物期权的投资方式。**减少风险使学习效果更佳的最好办法就是利用实物期权的投资方式。期权的方式可以把小额投资转换成强大的学习机会。这种方式能够在进行大笔投资之前帮助降低不确定性。其中的主要思想就是前期投入较少,但同时不断学习和保有跟进的潜力。

一个公司可投入到学习中的资源多少和它发展的速度取决于公司的经营环境。例如,约翰·卡蒙(John Carmon)和他的同事处在丧葬行业,他们比大多数行业的经理更有时间。"我们从事的是一个传统的而且变化缓慢的行业,"卡蒙说,"这个行业要很多年才会慢慢发生变化。"即使这样,在剧烈变化的环境里,他也必须快速地探查和学习,为即将出现的全新的未来局面做好准备。因此,卡蒙积极主动地设计了实验和方案,以更好地了解这个特殊行业周边发生的变化。如果这种探索会让局面明朗起来,那时卡蒙应对周边新信号会比其他人更早地抓住机会。那个新型家庭生活中心不仅是一个学习的平台,也是一个成长的平台,是他应对周边新信号的第一步。下一章我们将讨论的是,对来自周边视野的信号采取积极行动时,需要面对的挑战。

i

第六章 采取行动——
如何处理这些信号

"写作就仿佛是在浓雾笼罩的夜晚开车,你只能看到前车灯照到的那么远,但是你能够利用这样的灯光走完全程。"

——E. L. 多克托罗（E. L. Doctorow）

在一家照明企业的一位高管办公桌的一个小公文包里,放着一套白色塑胶面板。通过调谐这个控制面板,他可以调节盒中的蓝色发光二极管（LED）平板,使其发出的光线逐渐接近于白色。这种光再怎么调,充其量还是泛蓝色的白光,虽然这种光是绝大多数房屋建筑商都不会为居住空间选择的一种,但是这种光会逐渐接近于纯白色。这种向白色光的逐渐趋近可能是继白炽灯灯泡发明之后,照明工业所面临的最大威胁。白色发光二极管的前景曾使半导体照明的先驱者中村周二（Shuji Nakamura）表示:"我想更换所有传统的照明设备。"[1] 然而,当那位高管调谐控制面板的时候,他思考的问题就是:中村周二的愿景什么时候才能变成现实呢?

与晶体管（替换了真空管）转变了电子工业、CD 转变了音乐产业相似,发光二极管将会改变规模高达 150 亿美元的普通照明市场。这种半导体照明（SSL）技术是近一个世纪以来出现的第一项真正的新照明技

第六章

术。尽管发光二极管这项技术是在20世纪60年代发明的,但是直到近期,在颜色和增加强度(流明)等方面实现的多项技术突破才使这项技术从计算机显示器和指示灯领域,拓展到更加广阔的应用领域。

这项崭新的技术转变为具有竞争力因素的戏剧性标志就是美国交通照明市场因发光二极管技术发生的变化。红色发光二极管的信号灯所耗费的能量还不及其所取代的150瓦白炽灯耗能的10%,而寿命却比白炽灯更长。[2]经济效益十分显著,更换设备的资金回收期不到一年,并且每年每个更换的设备都能够节省1 000多美元。因此美国联邦立法规定,要求截至2006年所有的交通信号照明都要换成半导体照明,这实质上是让传统灯泡市场每年损失10亿美元。

雪上加霜的是,麻省理工学院的《技术评论》(*Technology Review*)在2003年宣布,白炽灯照明是十项"应该消亡"的技术之一。[3]顿时,自托马斯·爱迪生(Thomas Edison)看到他的第一根发光的灯丝以来,这项基本没有多少变化并成为照明工业核心的白炽灯照明技术开始面临着消亡的可能性。规模高达150亿美元的美国照明产业正成为竞争的焦点,而这些企业采用的都是半导体技术,这种技术具有比传统照明技术更加有竞争力的优势。(见"半导体照明技术的优势")。对于传统的企业,例如飞利浦照明(Philips Lighting)、通用电气(GE)和欧司朗(Osram Sylvania)来说,在其商业和住宅照明的核心市场上,这可能是一项致命的挑战。

半导体照明技术的优势

半导体照明技术的优势有很多。发光二极管从根本性质上来说是半导体,它能够比传统的光源更有效地将电转换成光。除了降低能量消耗以外,半导体照明技术的低电压使其更安全,也更容易由太

采取行动——如何处理这些信号

> 阳能或电池实现供电。由于没有灯丝,所以半导体照明更加持久耐用,因此就有更长的寿命和较低的维护成本。传统的照明设备只能开关或者调暗,而发光二极管更为多元化,它可以改变颜色或根据软件指令不停地闪烁。在传统的照明技术中,固定装置一直是有的,只是要更换灯泡。使用了半导体照明技术之后,许多光源都可以融入始终密封的产品中。尽管在过去的两个世纪中,传统的技术已经有了一些发展,包括荧光灯照明和高强度放电照明,但它们的能源转换效率最高不到25%。与此相比,红外光谱中的半导体照明设备的能源转换效率可以超出50%,而研究人员预计在白光二极管中也会实现类似的突破。如果这些目标可以实现,那么科学家们认为,半导体照明技术将能够提供150—200流明/瓦特的光源,其效率是荧光灯的两倍,也是白炽灯的10倍以上。[a]这将彻底地改变照明产业。
>
> a. lighting.sandia.gov/Xlightingfoverview.htm.

早在这个新的威胁因素出现之前不久,这个产业也面对着严峻的挑战,因此许多经营者并没有密切关注发光二极管这项技术。在2000年到2003年之间,灯泡的平均销售价格下降了约10%。[4]同期,美国的家用灯泡市场和专业灯泡市场总共损失了约5亿美元,货品化和激烈的价格竞争造成的结果就是市场总和从29亿美元缩水到了24亿美元。业内人士不得不密切地关注这种低成本的商品竞争。而随着半导体照明技术的突飞猛进,他们也必须把眼光放得更远。

既然照明企业的管理人员已经意识到了来自周边区域的威胁(而且现在这种威胁变得越来越明朗了),那么他们该做些什么呢?采取行动与信息探查与学习的过程密切相关(在前面章节中讨论过)。但是,信息

第六章

探查的焦点主要在于学习,而采取行动的焦点在于从周边视野中发掘机会或者规避风险。

在情况不确定时采取行动的战略

采取行动这一个环节面临的挑战在于,环境仍然是模糊不清的,充满各种不确定性。新技术将会以多快的速度出现呢?市场什么时候能够接受呢?市场可能因此出现什么样的变动呢?尽管威胁很明确地就在眼前,而且半导体照明技术在长远来看是有竞争优势的,但是管理者仍然必须在短期内取得利润。如果市场对新技术的接受比料想得慢,那么业内人士可能会发现他们自己就像是古老神话中的杰克一样,他用未来很多年都能产奶的奶牛交换了几颗魔豆,而这些魔豆能怎么样,谁都不知道。但是企业的高管行动如果过于缓慢的话,那么像中村周二这样的前驱已经做好准备来掌控市场了。

当企业认识到有机会,它们往往必须迅速地抓住机会(见"苹果公司迅速开发i系列产品")。也许企业并没有时间进行我们在上一章中介绍的深度探查和学习,但是企业可以通过小规模的投入来搭建未来发展的平台。企业之间也可以相互合作,共担风险,扩大对竞争对手的监测范围,以便在更加广阔的范围内采取行动。

苹果公司迅速开发 i 系列产品

有时候,由于企业没有很多时间来进行信息探查和学习,所以就必须学习其他企业的经验。苹果公司通过关注 Napster 软件方面进行的试验和其他的文件共享服务,加上自己的积累,很快就掌握了投放 iPod 产品所需要的技术。尽管如此,苹果公司的首席执行官史蒂

采取行动——如何处理这些信号

夫·乔布斯(Steve Jobs)也几乎错过了这场革命。他是近年来洞察力最敏锐的科技领袖之一,他认识到了鼠标和图形用户界面的强大作用,以及电脑动画的潜力。这两者后来分别引发了麦金塔(Macintonsh)计算机的开发和皮克斯(Pixar)公司的产生。但是2000年夏天,乔布斯潜心专注于完善产品的视频编辑功能,他几乎没有意识到数码音乐领域出现的最重要的变革。后来有一次他在接受《财富》杂志的采访时说,"我感觉自己就像个呆子,我想我们已经错过这次变革了。我们必须特别努力迎头赶上"。[a]

当乔布斯意识到了这个转变,苹果公司立刻作出反应。他们在公司生产的所有电脑中都增加了CD刻录机。之后乔布斯收购了一个由苹果公司从前的软件工程师创立的小公司——SoundStep公司,来引领其软件开发。在4个月之内,苹果公司开发出了第一代iTunes音乐播放产品,9个月后,生产出了第一台iPod播放器。公司仍然需要内容装入它的iPod播放器,于是它同一些大型唱片公司签订协议,达成了一个销售歌曲的平台。

对乔布斯来说幸运的是,音乐行业忙于控告Napster公司及其客户,这使他比预想有更多的时间。当苹果公司的iTunes音乐商店2003年4月开张时,其经营目标是在6个月之内销售100万首歌曲。而仅仅6天之后,它就突破了百万大关。2005年初,尽管面临着激烈的竞争,iTunes已经占有了所有合法数字音乐下载市场的62%,而iPod播放器在mp3产品中已经占有了50%多的份额。

a. Brent Schendler"How Big Apple Get?" Fortune, February21,2005,38–45.

第六章

使用多个小举措:1 000个亮点

多个小举措能有助于创造机会,同时降低风险。如前一章所述,通过这些试验能够对信息进行探查和学习,但是当这些试验获得成功时,它们就可以建起一个行动平台。例如,飞利浦公司推出了多个试验项目,提供有关半导体照明技术这样的新兴技术的一手资料,这些试验包括发光二极管的烛形装饰灯和为医院设计环境照明系统等。飞利浦照明公司的副总裁戈维·拉奥(Govi Rao)说:"我们采用了'边开发边学习'的战略,这种战略使我们能够更好地理解半导体照明技术,同时也让我们更好地理解如何推出新的商业模式。[5]这些试验让我们可以监测到很多情况,包括渠道冲突和同型装配效应等。这些往往是现有的公司容易视而不见的。通过试点,我们把风险降到了最小。如果有失误,我们能将损失控制在很小的范围内,而且会立刻学到经验。"飞利浦公司采取了各种小规模举措来检测这种新兴的晶体管照明技术的各个方面,比如,其中一个是采用晶体管照明技术,改造传统照明(在旧灯座上换上新灯泡);另外一个是用完全不同的模式使用半导体照明技术,实现利用环境照明板来照明。

第一个例子是飞利浦公司的"Aurelle"系列采用发光二极管技术的烛形装饰灯。它提供的照明类似于烛光,但是避免了明火存在的危险和不方便的缺点。拉奥谈到:"Aurelle烛形灯系列不同于我们典型的照明产品,它挑战我们所有的经营体系和思维方式——从产品的设计开发和渠道建设到营销环节。因为这种产品流行得很快,所以我们必须对工作方法进行大幅调整,必须更快地推进。"这个例子是真实市场中的真实产品,当销售量迅速增长的时候,它就从一项实验变成了可行的商业项目。但是一旦实验失败了,公司的风险也很小。因为行动会有什么样的结果,存在各种不确定因素,所以这种方法的目的通常是在很多小的实验上进行投入,然后对那些成功的实验增加投入。

一些商品的推广无法立刻获得利润回报,这也使这些实验存在一个可能性。例如,有一项实验,在城市医院里的照明环境中研究半导体照明技术更广阔的应用前景。它研究的不仅仅是更换现有灯座上的灯泡,还包括改变整个基础设施,以及照明方式。拉奥先生说:"整个价值链的中心就是建设和安装灯座,而半导体照明技术完全改变了这种方式。现在没有插座一样可以实现照明。"

为了研究这种没有灯座的照明技术,飞利浦公司在芝加哥的路德教会综合医院(Chicago's Lutheran General Hospital)开展了一项环境照明的实验。飞利浦公司设计并建造了一座新的儿童心脏病科病房,将环境的照明技术与医疗照射和二级管照明板结合在一起。少儿患者可以选择四种主题中的任何一种:水下、太空、飞翔或者默认的熔岩灯。患者的选择记载在他的射频识别卡上,因此当患者进入房间的时候,主题和对应的照明方式就随之变化。这种环境照明方式不仅增强了背景的效果,而且它也可以对治疗有所帮助。例如,如果在拍片过程中,少儿患者必须屏住呼吸,那么就可以将照明设置为水下主题模式,其中一个水獭可以做同样的举动,孩子可以照着模仿。

上述两项实验所检验的不仅仅是技术本身,而且还包括新的商业模式、价值链和市场反应等。所有这些都有助于揭示这个新技术的市场前景。正如拉奥所说:"我们是边干边学,根据所学到的东西再来制订新的战略。开展这些实验的价值在于我们能够对现有的商业模式提出挑战,而这两项实验也确实产生了这种价值。我希望至少再做6个这样的实验,而且快速地依照所得经验采取行动。"

最初的实验通常是在发光二极管的优势大于劣势的领域中进行的。半导体照明设备的寿命要比传统的灯泡长得多:半导体照明设备的寿命是60瓦灯泡的50倍,所以在很难更换灯泡的情况下,半导体照明设备

第六章

具有的这种优势就很明显了。例如,欧思朗公司正在研制长条状的柔性的、配有贴胶带的发光二极管照明设备,用在那些更换灯泡非常麻烦或者非常费时的地方,比如建筑物的外部和游泳池里等。[6]

与他人合作

探索发光二极管技术的目标非常明确,而且这一举动会影响到整个照明行业,因此联合其他企业形成合力来完成开发任务是很有帮助的。这种方法会增加资源,降低风险。照明行业的公司一起合作,创建了一个被称为"光之桥"的项目。2003年,主要的成员聚在一起对产业的未来进行规划,行业的领导者也创立了一个"燃烧平台",来推动产业的变革,并凭借这个平台为产业的未来提出广阔的设想。这项举措一直持续着,现在正是由国家电器制造商协会(National Electrical Manufacturers Association,NEMA)进行协调。协会将这个项目看做是整个产业的一个营销活动。

建立合资企业也可以让业内厂家在生产模式、创新速度、与国际市场接轨和保护知识产权等方面,掌握新的能力。由于半导体照明技术需要具备这些不同的能力,因此很多企业都加入了合资的浪潮。Lumileds公司最初是由飞利浦公司和安捷伦科技公司(Agilent Technologies)在2000年前后合资建立的,从事半导体照明设备的设计和生产工作。通用电气公司和半导体生产商 Emcore 公司建立的合伙企业 GELcore 公司也从事半导体照明产品的制造。上述的以及其他的合作企业给业内人士搭建了一个很好的平台,在这个平台上,他们可以根据技术发展的程度来采取相应的行动,当这种新技术在产业中起到重大作用的时候,他们可以立刻参与其中。

在更广阔的领域内采取行动

企业往往必须通过扩大行动的范围才能够拓展周边视野。例如,在照明行业,业内人士要从更广的角度上分析整个价值链,以此来制订行动战略。传统的价值链如图6-1所示。因为终端客户更加关注的是价格,所以企业之间进行着日益激烈和残酷的竞争,市场从本质上已经具有大众化的特征。他们在努力影响原产设备制造商(OEM)、设计者以及为终端客户选择照明产品的合同商。残酷的价格战以及为争夺市场份额而展开的竞争、为争取设计者设计思路中的一席之地而引发的竞争在日益加剧,因此这种局面下有很多需要我们关注的地方。但是,这个狭窄的范围模糊了大局中一些非常重要的部分。企业应该自问,在这种对传统价值链的典型看法之外,还有哪些非常重要的决定因素和影响因素呢?这些因素将如何影响我们的整个产业呢?

图6-1 照明产业的狭义观念

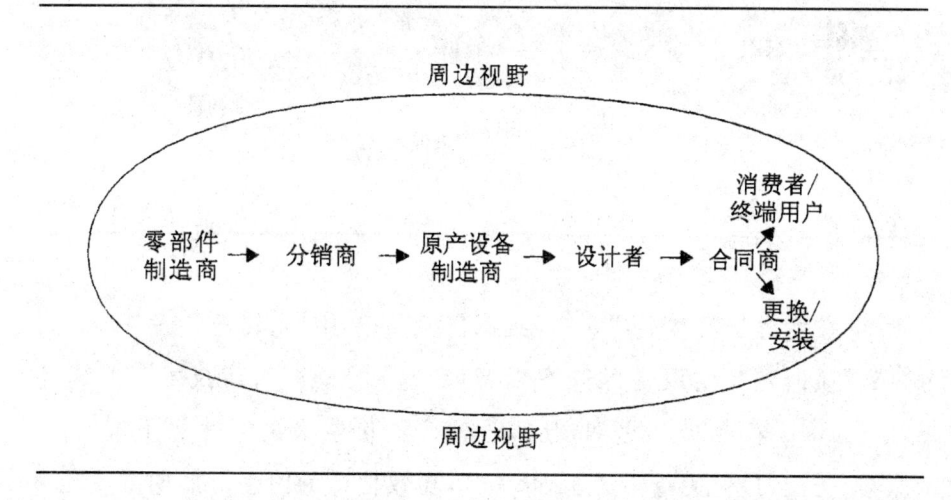

第六章

图 6-2 所示的是一个更加广阔的照明生态系统,这个系统可能会加速半导体照明的出现,也可能会减缓其进展速度。例如,半导体照明的普及速度将依技术发展情况、消费者的购买行为和需求而定,也许还会受政府的规章制度的影响,同时这种新技术的进展也会受到很多因素的影响,包括健康、安全、能量(负荷管理和需求及反应)、运输、协作研究、美学、可持续发展和"暗天空"环境问题等。管理者应该关注这些不同的领域并且在需要的时候采取行动。我们来看下列几个例子。

图 6-2 广义的照明生态系统

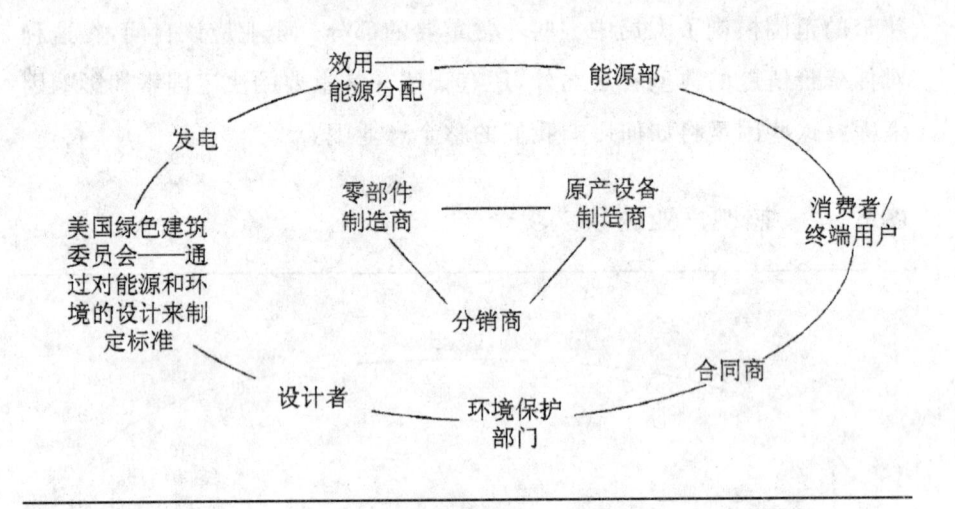

（图示内容：效用——能源分配、能源部、发电、零部件制造商、原产设备制造商、消费者/终端用户、美国绿色建筑委员会——通过对能源和环境的设计来制定标准、分销商、合同商、设计者、环境保护部门）

- **技术进步。** 整个产业需要估测技术的变化,尤其是能够引起高品质白光照明设备的开发以及能够降低成本的新技术。据统计 2000 至 2020 年之间,晶体管技术的价格最高可达每千流明 14 美元,最低为每千流明 50 美分,功效估计为白炽灯照明的 4 至 8 倍。[7] 这是个很广的范围,意味着新技术会抢占目前白炽灯和日光灯的10%—90%的市场。显然，这个领域内的周边视野一片模糊，因此照明设备生产企业必须在技术开发或者研发支持方面进行投资，尤其是在如何降低成本和提高效率方面增加投入。

- **中间商和终端用户的态度变化**。虽然技术的发展会促进人们对它的接受，但是中间商和终端用户对技术的接受意愿却是半导体照明技术普及的一项限速因子。每年，总照明需求中有1/3都是通过更换或者安装传统设备来满足的，这一现象限制了新技术实现最高的渗透率。管理者必须制订战略，即强调中间商，又强调终端用户，还有那些可能影响企业或家庭照明设计决策的人员，例如设计师或业界专家等等。这就需要开拓一个更加广阔的市场、建立一套更广的渠道策略和更丰富的一系列行动方案。

- **舆论和公共事务**。对环境和能源消耗的态度也会对照明产业产生重大的影响。这些态度体现在对技术的看法和政府的规章制度中。在交通照明系统中采用半导体照明技术，就是体现了规章制度的影响。根据美国能源部预测，半导体照明技术的广泛普及将会使世界范围内照明电力消耗降低超过50%，因此会减少总体能源消耗的10%。人们对环境问题的关注程度提高包括能源消耗、碳排放、汞污染，以及其他一些问题，这都会加速人们对半导体照明技术的采用。管理者必须通过舆论、公众事务以及其他战略与政府部门和媒体积极地合作，以对其竞争地位影响最小的方式促进相关政策的出台，并保持产业的长期健康发展。

- **为各种变数做好准备**。周边视野中，还有另外一个因素可能影响半导体照明设备的发展，那就是照明和健康之间的关系。新生儿科的专家证明，早产儿在某些半导体照明条件下，表现出的状态要更好一些。照明的手段也曾用来治疗季节性情感障碍（简称为SAD），即人在受到一种白光的季节性变化时产生的情绪波动。

第六章

另一个方面,照明也可能对健康产生负面影响。例如,研究人员已经在研究夜间暴露在灯光下是否与乳腺癌、直肠癌的发病有联系,但是目前,这更多是一种猜测。[8]人们越来越关注城市的光"污染"问题,"暗天空"运动希望通过改变公共和家庭照明方式创造更暗、更自然的天空。如果照明设备在医学中的应用取得了突破,或者一项证明照明存在负面影响的研究会对产业带来巨大的打击,管理者必须密切关注这些问题,为这些变数做好准备。最初的行动应包括对这些问题进行研究、与医疗工作者建立联系,以及影响那些关于"暗天空"问题的讨论。

一个照明企业的战略制订必须考虑更广阔的范围,包括竞争者、客户和环境。这就需要在仔细关注成本和利润的同时,在上面所说的更加广阔的范围内开展一系列的行动。其中的挑战在于如何平衡针对已知问题的传统投资思维定势与针对未知领域的期权投资方法。

先发优势的局限性

认为采取快速、大胆行动的一个主要观点是要获取先发优势。看起来新增财富中最大的份额是属于捷足先登的人。管理者想要的也许仅仅是金牌,而不是银牌或者铜牌。他们坚信,获得利润的一定是那些主动感知早期市场信号的企业,它们早于竞争对手理解威胁或机会,并毫不犹豫、勇往直前。而且从理论上讲,先行者会压制后来的竞争者制订竞争规则,锁定最好的定位和渠道,并且在客户心目中占领无懈可击的市场领导者地位。

但是现实证明先行优势是非常复杂的。只有那些先行者生存下来,优势才能体现出来。就算是那样,幸存下来的先行者也未必肯定会获取

采取行动——如何处理这些信号

这些优势,他得到的只是一个机会而已。[9]长期的资源投入不仅需要勇气,而且还要在出现明确优势之前,对大众市场机会有明晰的洞察力,并且坚持不懈地创新。但是,能够幸存下来引领市场的先行者少之又少。事实上,大部分长期回报都属于那些从先行者身上学到经验的、资金雄厚的快速跟随企业。例如,金佰利公司(Kimberly-Clark)和宝洁公司都不是纸尿裤的首创企业,但是他们很快就占领了这个市场。分层造影扫描仪也不是通用电气公司首创的,但是它却从这个产品中获得了巨大利润。

想要成为一个聪明的快速跟随者,就需要有很强的周边视野探测力。在新市场的形成中要监测的关键要素是出现的主流设计。主流设计是一种标准,用来明确产品的特点和效用,它要获得早期购买者的支持。它提供了一个平台,在这个平台上会涌现出很多根本上并无差异,但看起来有很多不同的各种产品。一旦买方、供应方和竞争对手因这种设计结合在一起时,那么造成不确定性的主要原因就消失了。快速跟随者往往是等待着那种主流设计出现,以此为起点,然后快速地参与市场竞争。[10]这就意味着要像先行者一样时刻做好准备,把握手中的技术、完成产品设计,制订好市场开发和生产计划。通常情况下,在主流设计出现之前,会出现一个尖锐的拐点。没有做好必要的准备常常意味着失去机会,或者退居为缓慢的跟随者。(有摆脱这种局面的方法,它的耗资和风险都很大,那就是并购一个前景看好的先行企业,然后注入大笔资金。)

因此,想要做到快速跟随,时间就是一切。下面列出的就是一个公司想要做到快速跟随所需要密切关注的指标,它们是由康斯坦丁诺斯·马基迪斯(Constantinos Markides)和保罗·杰罗斯基(Paul Geroski)提出的:

第六章

- **技术创新和商业模式创新的速度减慢。** 发展中后续几代的创新点越来越相似。
- **日益增长的理性程度。** 实际上，市场已经"今非昔比"，从前市场就是那些能够忍受很多产品缺陷的早期热衷者，而今市场就是绝大多数潜在客户。[11]
- **互补产品生产商的出现。** 这些厂商提供了消费者需要的基本服务，而且对市场的前景非常熟悉和了解。[12]

做一个快速跟随者也意味着企业有更多的时间去探查和学习。成功的快速跟随者必须关注周边视野，密切监视那些新兴主流设计中的关键性指标。尽管行动上要比先行者慢一些，但快速跟随者需要和那些先行者一样不断学习。但是，由于他们投资和采取行动较晚，所以在他们了解未来的不确定性因素时，面临的风险会有所降低。

知道何时去学习或飞跃

当不确定性很高，或者提出方案和进行实验的机会很少，最好的方法可能就是"观望和等待"。当公开发行股票的所有网络公司的股价令人难以置信地飞涨时，投资家沃伦·巴菲特（Warren Buffett）却像个局外人一样没什么行动。但是他的基本思想很简单，很明确："我从不对我不熟悉的任何事物进行投资。"时间证明他是对的。

说到底，各种战略的明智程度取决于对风险和回报的估算。那么，管理者应该如何决定在多大程度上对信号作出反应呢？下面几种因素会对选择产生影响。

- **有无灵活的备选方案。** 要提出并执行战略方案，你必须找机会去

采取行动——如何处理这些信号

做。一些产业和环境使你有机会选择,但是有些情况下你根本没有机会。如果可以采用其他的备选方案,那么在周边视野越来越清晰之前你可以有效地降低学习和行动的成本。但是在其他情况下,你要么全得,要么全失。有时候企业可以创建新的机构、采取新的举措来扩展企业获得其他方案的机会,比如中央情报局创建的机构"In-Q-Tel"就是这样。

- **信号的模糊程度**。信号中不确定性因素和确定因素的比例是决定对信号采取行动与否的一项关键指标。不确定性越高,就越需要学习以降低这种不确定性。当不确定性因素在探查和学习中不断减少时,就有充足的理由采取行动了。

- **行动的成本及行为的可逆性**。行动过程中的绝对成本也会影响选择。如果某项战略举措的成本相对较低,那么在一个模糊环境下采取行动就更为容易些。如果和潜在的收益相比成本相对较高,企业就需要更加谨慎行事。成本的一个重要组成部分是撤销决策的难易程度。如果可逆性成本很高,那么绝大多数的支出将会成为沉没成本。

- **学习的机会**。某些环境让人们能够学到经验的机会很少,因此这种出于探查和学习目的的战略投资也许仅仅是将一个艰难的抉择往后推了一段时间。管理者必须清楚地了解他们希望从以往的经验中学到什么,了解他们是不是能够做好。如果他们不能降低这种模糊性,那么他们必须采取行动或者立刻退出。

- **静观其变的风险**。如果静观其变面临很大的风险,例如竞争者积极地争取同一个机会——那么就需要进行大胆的决策,尤其是企业把握先发优势的情况下。企业应该认真分析这种静观其变面临的风险,因为形势的发展很少能让企业独善其身。

- **上升的空间**。正如成本非常重要一样,效益也非常重要。抢在竞

第六章

争对手之前采取行动的上升空间究竟有多大呢？这是否属于那种制订标准或锁定合作伙伴非常重要的局面？有没有可能会出现滚雪球效应或者存在引爆点因素呢？各种理论可以帮助评估先行者或者早期行动者取得的效益和成本。[13]其中有一种简单的方法，就是估算"无竞争的经营日"的价值，它指的是假设企业没有竞争对手、拥有整个市场的一天时间里所能获得的收益，然后再用它去乘以主要竞争者进入市场之前的天数。虽然这只是一个粗略的估算，但是这种方法却能够让我们对上升空间进行数量级的评估。

但是，在作一项大胆的尝试之前，你应该很仔细地问自己，是不是还有别的方案，既可以降低风险，又可以让成功的概率增大。能不能采用期权投资的方式？你是否已经检验过关键性假设条件？未来的发展是否可能导致产生其他的方案？把所有的鸡蛋都放在一个篮子里的风险是什么？环境中出现的信号是不是足够清晰，或者说这些信号会不会意味着别的什么意思呢？从其他公司已经开展的实验中能够学到些什么？如果经过这一系列的问题检测，你仍然认为需要采取行动，那么你必须采取跨越式的发展战略了。

穿过浓雾向前进

通常情况下，针对周边视野出现的信号采取行动，就像多克特罗所描述的在浓雾中驾驶前进，管理者必须一步一步地向前推进。尽管他们需要长远的眼光，但是他们必须认识到，环境里很多区域仍然是模糊的。在路上前进的时候，随着每成功地走出一步，事态就会逐渐明朗起来。每一项行动的结束都预示着下一项行动的开始。

当环境逐渐变得清晰时，企业就可以更加自信地追加投资，采取更加果断的行动。直到那个时候，重点还是应该放在降低不确定性和把握机会上面。目标是通过不断地环顾四周，和采取一系列小规模行动，给模糊的、暗淡的、朦胧的信号增加一些细节。用飞利浦公司的戈维·拉奥的话说，就是"边行动并边学习"。正如传统的照明企业所发现的那样，在黑暗隧道尽头露出的一线光明，可能是通向一个新市场的开端，也可能是一列迎面开来的列车，或者两种可能性都有。一旦企业开始采取行动，他们就开始把自己的信号加入到环境当中，并围绕着这些信号形成自己独特的经营模式。

想要成功穿越浓雾，就需要有辆合适的汽车。企业可以培养自己的能力，来增强对周边视野的把握。下一章将分析那些可以帮助企业在周边浓雾中更好把握航向的因素。

第七章 组织——
如何保持警惕性

"要看到视力范围以外的东西并非易事。"

——温斯顿·丘吉尔

美泰公司（Mattel）的芭比王国永不止步。芭比娃娃——在1959年以医生、宇航员甚至总统候选人形象问世的玩具娃娃,在40多年里不断推陈出新,总计售出逾10亿个,创建了世界上最有价值的玩具品牌。即使如此,芭比也终将"老去",并非她自己,而是源于其年轻目标客户的早熟。女孩子更快地"长大",很快便不再对芭比有什么兴趣。玩具产业已大受新潮事物如计算机、影像业的冲击,这些新事物占去了年轻女孩的更多时间。芭比娃娃的核心市场已从原来3到11岁的女孩子压缩到了3到5岁的女孩子。这些周边视野领域发生的变化对美泰公司提出了挑战,也赋予其竞争对手绝佳的机会,如图7-1所示。

2001年,米高梅娱乐公司（MGA Entertainment Company）抓住了这个机会,开发了崭新的贝兹娃娃系列产品。贝兹娃娃的目标市场确定为那些已对芭比不感兴趣的年龄大一些的女孩子(见"玩具娃娃之战")。贝兹娃娃系列形似这些青少年的兄弟姐妹以及他们所迷恋的明星。三年间,贝兹公司便售出超过8 000万个娃娃,并一举成为引领7—14岁女

第七章

图 7-1 攫取芭比娃娃的核心市场

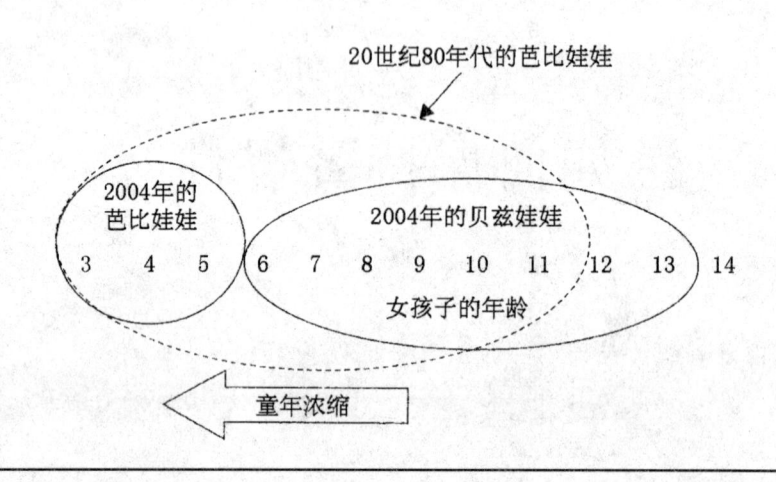

```
                    20世纪80年代的芭比娃娃
                              ↓
         ┌─────────────────────────────────┐
      ╱  │                                 │ ╲
    ╱ 2004年的 │    2004年的贝兹娃娃         │  ╲
   │  芭比娃娃 │                             │   │
    ╲       ╱                               │  ╱
      ╲   ╱                                 │ ╱
   3  4  5  6  7  8  9  10  11  12  13  14
                        女孩子的年龄

         ⇐  童年浓缩
```

孩生活时尚的顶级品牌。[1] 2004 年,贝兹娃娃销售额攀升至 7 亿美元,而芭比的销售额则仅维持在 15 亿美元左右,美泰公司在时尚玩偶市场中的份额在 2001 到 2004 年间萎缩了 20%。[2] 芭比娃娃的市场缩减不仅是在美国,在英国也是一样,2004 年贝兹娃娃占据了时尚玩偶市场份额的 30%。[3]

玩具娃娃之战

是什么令贝兹娃娃如此成功?其中一部分原因在于她们看上去更像小女孩崇尚的街头美少女,满足了她们对成熟的追求。芭比娃娃以及她的马车套装和童话礼服吸引的是充满童年幻想的 3—5 岁的女孩,而贝兹娃娃刻画的则是撅嘴的有主见的女孩子(见所附图片)。贝兹娃娃的创始人伊萨克·拉里安(Issac Larian)认为,非常小的女孩把芭比视为妈妈的形象,而长大后,她们会把稍大一些的女孩子当成自己的榜样。[a]芭比娃娃的造型是主流,而贝兹娃娃的则是多元文化的,而且贝兹更注重时尚和化妆。

a. "the queen is dead," the Guardian, October 6, 2004, http://shopping.guardian-co.uk/toys/story/0,1587,1320801,00.html.

  美泰公司的时尚玩偶市场受到冲击绝不仅仅是周边视野的问题,它的经营利润中有30%—40%来自于芭比娃娃。[4]美泰公司大举反攻,希望能力挽狂澜。在贝兹娃娃进入市场整整14个月后,美泰公司开始了品牌延伸,推出了旨在吸引稍大女孩的"我的主张"(my scene)芭比娃娃系列;开发了一个模仿时尚玩偶的产品系列,推出一种叫做"Flavas"的娃娃,直接与贝兹娃娃展开竞争。古柏公司(Robert Copper)的调查显示,这种模仿品牌一般只有28%的成功率,而独特和创新的产品则有82%的成功率。[5]注意,这项研究中所说的单调乏味的产品和毫无创意的仿制品与前一章中所说的快速跟随者不同。美泰公司的"Flavas"品牌并未达到预期效益,2004年公司停止了生产。[6]美泰公司的所有努力都未能阻止几年间20%的损失。

第七章

对周边视野有很强的把握能力并不是企业在确定范围、扫描、解释、探查和采取行动方面偶尔有很好的表现，前面几章已经对此进行了说明。首先，它是一种能力的体现，这种能力是企业可以培养并加强的。美泰公司存在哪些组织上的弱点，使它难以识别环境变化并应对市场波动？企业增强对周边视野的把握当中，什么能力是最重要的呢？怎样才能够把拥有这项能力的企业（警惕型组织）和不具备这项能力的企业（脆弱型组织）区别开来呢？

掌控周边视野能力的五项要素

我们的研究发现，对周边视野良好的掌控能力包含五项要素，对于那些希望长久保持对周边视野灵敏感知的企业而言，它们尤为重要：

1. 鼓励广泛关注周边视野的警惕型领导。
2. 探究型的战略制定方法。
3. 倡导探究周边领域的灵活的和探究型的组织文化。
4. 旨在检测和共享弱信号的知识体系。
5. 鼓励探索周边视野的组织结构和业务流程。

在我们对高管人员的调查中发现，领导是最为重要的因素，其次是企业鼓励信息共享和探求周边视野的激励机制和组织结构（见附录A）。如果企业的领导人对其主营业务之外的领域抱有一种漠视及近视的态度，那么这种企业里很少有人会关心业务外围发生着什么，它对周边视野的掌控效率会很低，而一个活跃的、充满好奇心的企业则不然，它能高效系统地进行视野扫描和探查。

这种对周边视野的掌控能力与企业如何感知和如何采取行动有关，

而不是与企业究竟做了什么有关,因此我们应该把它看做是一种影响企业经营的系统执行能力。[7]这种关注周边视野的能力往往比聚焦核心经营优势的能力涉及范围更广,不仅仅只关注企业生产、客户服务或企业联盟等问题。这种系统执行能力也许会在企业日常经营中被忽视,或者没有着力开发。虽然许多企业在没有很好的周边视野掌控能力的情况下,在短期内可以维持经营,但是一遇到意外,它们便十分脆弱,胜局不保。因为短期内企业对周边视野的探查需求会很小,所以领导者的作用就成为非常重要的因素。管理者或领导者必须有意识地在企业中推动和鼓励开发这种重要的能力。

下面的讨论我们将分述五个要素,探讨其与美泰公司运营的关系,并分析这五个要素如何能够进一步加强,成为企业的系统执行能力。

鼓励广泛关注周边视野的警惕型领导

一个对周边视野有很强掌控能力的领导可以带领整个组织走向一个新的方向,例如,康卡斯特(Comcast)公司的布赖恩·罗伯茨(Brian Roberts)不仅把公司带出了狭小的地理范围,而且也让公司的核心业务由提供渠道变为经营实际业务。罗伯茨的地理扩张,包括并购美国电话电报公司(AT&T)的有线业务,使其一跃成为美国最大的有线电视运营商。在数字通讯领域,激烈的竞争表现在传播渠道上,而康卡斯特公司进入的领域最初都属于边缘领域。康卡斯特公司在投标取得迪斯尼公司的电影、体育和其他节目时失败了,之后它与索尼公司合作获得了米高梅影业(Metro-Goldwyn-Mayer)庞大的电影资料库。2004年,康卡斯特耗资45亿美元建设影片信息库以支持其视频点播战略。这一经营重心的转移使得用户每个月都能看到数百部影片,旨在与卫星电视和其他竞争对手相区别,进而控制家庭数字通讯频道。[8]所有的这些战略定位都要求企业的领导愿意并且能够超出眼前的有线业务,把战略眼光置

第七章

于更加广阔的核心视野之外。

有一位精明的投资经理拥有25年成功的投资经验,他说到自己是如何选择少数公司进行投资的。他的结论和我们的研究结果如出一辙,领导是最重要的因素。他说:"第一动因来自首席执行官,我见过许多首席执行官,最优秀的那些首席执行官,对周边视野的把握能力都很强。所以其组织能更早地发现机遇。那些密切关注现有业务的只是一名好的首席运营官(COO)。但是这样的领导无法带领企业取得长久的成功。"

这位成功的投资者说,与他共过事的最好的高管都有很敏锐的思维,可以预见宏观环境中出现的新趋势。例如,他提到,有一位首席执行官,在宣布中国获得奥运会举办权后,敦促他的企业思考这件事将产生的影响。他说:"这位首席执行官不仅关注非常明显的对建筑产品的直接影响,他特别关注价格上涨后对于替代产品的继发影响。"

经过更深刻的思考,这位投资经理发现成功的首席执行官都是既聪明又稳健的,而且总能将各种人才团结在自己周围。他们鼓励激烈的辩论和沟通,因为他们不会装着什么都懂。他们会虚心听取各方意见,及时应对不确定性因素。他通过观察总结出:"如果你仅仅是采用传统的思维方式,寻求直接的答案,那么你不过和众人一般罢了——成功来自于更具想象力的思维方式。"他长期成功创造财富的不凡经历以及他苦苦思索得来的关于优秀高管的见解与我们的研究结论不谋而合。

相反,在贝兹公司大举投入竞争之前,美泰公司的领导因处理其内部的危机而使自己的视野十分狭窄。美泰公司在1999年花费38亿美元并购了教育软件制作公司"学习公司"(The Learning Company)。这是一次灾难性的并购,导致它出现了10多年来第一次亏损。于是2000年5月,公司从卡夫公司(Kraft)挖来罗伯特·埃克特(Robert Eckert),担任公司的首席执行官,希望他能够扭转局面。他目标明确,就是要给公司带来"稳定和希望"。[9]

此类危机往往会引起注意力的集中,缩小周边视野,创建一种只关注于短期绩效的企业文化(绩效型组织),忽视长期绩效与业务拓展(学习型组织)。虽然美泰公司节约的成本提升了公司的利润空间,但是2003年,其在美国的销售总额下降了11%,仅芭比娃娃一项的销售额就下降了15%。[10]虽然公司的效率提高了,但是,市场却萎缩了。如果它能关注更宽的领域,不只是玩具,还包括电子游戏音乐、电影和其他娱乐方式,那么也许它能更早地发现市场出现的各种变化。

任何组织如果要有开阔的视野,就需要有来自领导层的引导和支持。因为周边视野区域鲜有特别突出的企业,所以从根本上讲这是模糊的、高风险的区域。没有兵士愿意前去侦察,除非有上级明确的命令与回报。领导力首先要体现的就是提出前瞻性的观点,引起同僚的关注,甚至要有勇气承担失去工作的风险。很少有管理者能做到这一点。

尽管企业高管对周边视野有很好的把握十分重要,但实际上各个层次都是需要领导力的。我们通常都认为领导是自上而下的,而迈克尔·尤西姆(Michael Useem)及其他一些学者都强调过,自下而上的领导也很重要。[11]尤其是在经营的周边领域内,因为底层雇员对环境的变化可能会有最早和最深刻的觉察,他们会更接近于顾客或竞争对手,能够更敏锐地感受到渠道中发生的变化。但是他们的见解只有被上层倾听才会发挥作用。有效的领导既需要有开拓的意愿,又要有倾听旁人挑战性意见的涵养。詹姆斯·柯林斯(James Collins)在他所著的《从优秀到卓越》(Good to Great)一书中,将这种开拓意愿和倾听涵养看似矛盾的组合称为"第五级领导"。[12]

探究型的战略制定方法

除了领导者的眼界以外,公司周边视野掌控能力的第二个组成要素

第七章

便是探究型的战略思维和规划方式。一个视野开阔的组织通常有更加灵活的战略制订步骤，眼光也更长远，更能把多种意见结合起来，也能很好地利用各种工具，例如情境规划、期权投资的思想和动态监测等等。

绝大多数组织执行的都是严格的以预算为导向的规划方式，此时管理者的注意力仅仅局限于当前这个时期、当前的市场、业务。与之相反，视野开阔的企业的规划过程则是充满灵活性的，以问题为导向，并且着眼于未来。企业应该鼓励管理人员，在没有任何后顾之忧的情况下，反思自己对于规划和目标的设想。与战略相关的问题需要在企业内部广泛讨论。战略制订过程也需将多种意见融合起来，包括关于客户和竞争对手的信息，外部专家的意见和有关可能影响产业的创新技术的新观点。

强生公司创立了一种战略制定过程，命名为"框架式工作程序"，以扫描很不稳定的周边视野。这家公司经营的环境是复杂和多变的。管理者不仅需要关注市场与技术的变化，也要关注不断变化的医疗规定、保险的承保范围和处方手册，还有行业中的竞争对手，涉及的范围非常广，包括"邦迪创可贴"和"泰诺"这样的零售产品，以及一次性隐形眼镜和各种处方药品。它遵循的是一种分散结构，在全世界拥有200多个相对自治的营运公司，这有助于使其业务与各自的市场保持一致。但是这家公司也创立了一种规划的流程，以保证实时监控周边视野。

作为"框架式工作程序"的一部分，这家公司的执行委员会和战略制订小组会自问一些问题，例如，到2010年，人口的结构会具有什么特点？20年后的顾客会是什么样的？未来典型的诊所或医院将如何运行？政府将起什么作用？2010年的技术会是什么样？未来顾客的角色和作用会是怎样的？这些问题都引发企业对周边视野进行深入思考。

为加强对周边视野的掌控能力，战略制定必须以一种开放和探究的精神，平衡由问题和假设引发的探究，还要有会遇到未曾预料的事情的心理准备。强生公司的那些问题可以使它考虑截然不同的情境和新的机会。但要做到这一点,就需要对模棱两可甚至相互矛盾的意见采取宽容的态度。正如在第二章和第五章中所讨论的,情景规划和其他展望未来的技术特别有助于鼓励百花齐放、百家争鸣。还有一些其他的战略方法,例如应用实物期权式投资(第五章中讨论过的)和构建联盟的方式,都可以扩大企业的周边视野。合作伙伴通常能够提供关于周边领域的信息,对组织的学习能够产生直接的帮助。但是要掌握这种学习能力,组织就需要对合作伙伴提供的信息和观点有很好的管理能力。[13]

相反,美泰公司的规划则主要是集中于现有的生产线。每年,美泰公司都会推出150种不同的芭比娃娃和120种新的服饰,力求让芭比娃娃引领时尚潮流。但是正因为它只注重品牌内的努力改进,所以它就没能看到目标客户市场出现的童年浓缩的现象。在现有客户当中进行的旨在改进芭比产品线的主题调研小组无法看到客户群发生的变化,也没有发现大一点的女孩子已经对芭比失去了兴趣。如果能有更宽广的视野,美泰公司本来是有可能采用各种不同的扫描手段更好地掌控周边视野的。它本应该能够更仔细地观察那些流失的和不满意的顾客。它本该能够像耐克和锐步公司一样,采用时尚搜寻的方法,去发现目前顾客群之外的引导潮流的顾客群。而且美泰公司也本该能够激励员工和零售商,让他们提供有关市场变化的最新信息。

灵活的和探究型的组织文化

因为并非所有的环节都能精确安排或实现量化评价,或能够用金钱给予回报,所以第三个组成要素便是一种能够促进人们采取恰当行为的企业文化和规范。文化的改变十分缓慢,而且通常反映了其他与周边视野相关的能力发生了成功的变化。许多公司的文化都是反对冒险和保守的,扩大眼界和扫描周边视野的灵活性都十分有限。因而,它们往往

第七章

看不到焦点视野之外的东西。企业的文化也可以提供一种平衡的能力，鼓励开阔视野的好奇心。

博客（在第三章中我们讨论过它，它是一种拓宽眼界的来源）可以成为增进企业好奇心的有效机制。例如，太阳微系统公司（Sun Microsystems）就鼓励其32 000名员工创建在线博客。尽管只有大概一百人积极投入，但其中包括总裁和首席运营官乔纳森·施瓦茨（Jonathan Schwatz），他开了一个博客，访问者包括员工、顾客、合作伙伴甚至竞争对手，总访问量达到了35 000人次。他利用博客来与人分享他对技术变化和产业变化的看法。施瓦茨说，在公司里，写博客并不是强制性的，而电子邮件的使用则是强制性的，他说："我很难想象一位经理如果这两样工具都没有，还能出色地完成工作。"

但是，很多时候，企业文化会限制其周边视野。当有人描述《纽约时报》（New York Times）在总编豪厄尔·雷恩斯（Howell Raines）领导时形成的文化时，他们说这位总编"是一个以自我为中心的独裁者，根本不愿听到他不想要的真理。"[14]虽然雷恩斯的这种专注帮助该报创造了一年获得7次普利策奖的纪录，但正是这种文化的局限性导致了记者杰森·布莱尔（Jayson Blair）抄袭和捏造新闻的丑闻。周边区域已经出现了有力的证据表明，布莱尔的报道有问题，但雷恩斯置若罔闻，当丑闻2003年6月爆出后，他只有引咎辞职。类似地，安然公司（Enron）也是一种强势的但鲁莽的文化，这种文化受到了董事会的推崇，当丑闻爆出时，公司已经万劫不复。

某些行业中的企业，其企业文化会更注重周边视野。例如，时尚产业或面对多变的消费市场的行业，它们仅仅是为了在一个不断变化的环境中生存下去，就得时刻关注外部环境。[15]另外一些企业则在知识管理和探究体系方面优势明显。[16]这样的企业都是值得学习和效仿的榜样。

贝兹娃娃在市场上兴起的时候，美泰公司拥有的是一种强调产品导向的企业文化。在公司100多页的手册中,阐明了所有的为树立芭比品牌形象"应该做的和不该做的"细则,公司内部的重点可见一斑。由于公司是一个市场领导者,因此它采取了防御策略,它没有真正试图去了解目标客户和其他人群不断变化的需求,只是调整了生产线,对产品做了一些小的改进。

创建一个预警系统,把信息传遍整个企业。这种企业文化是指创建一种中央情报局称之为"预警系统"的体系。目的是使工作人员留意预警信号,即使那些与其当前工作毫不相关的信号也要留意。例如,消防员可以事先接受培训,他们了解到如果房中有老人,那么房间的杂乱会增加老人发生髋骨骨折的危险。这样,消防员就可以提醒老人的陪护人员或者医疗保险机构,防止此类事故的发生。还可以对这样的行为提出表彰和鼓励。通常情况下,消防员仅仅注意接听火警电话,但是如果建立了预警系统,那么消防员还可以帮助防止未来可能出现的其他事故。与此类似,企业也需要建立一种机制,鼓励现有的监控人员分享这种对于企业其他部门有用的早期信号。这种预警机制应当通过训练、激励来推动,如下文所述。

旨在检测和分享弱信号的知识体系

英国有一家超市发现,店里昂贵的法国奶酪的销量下降了。但在从货架上撤下它之前,超市通过顾客数据库核查了相关信息。这家超市通过客户忠诚度卡,详细地掌握了顾客的购买习惯。数据库中的信息表明,虽然法国奶酪的销售量非常小,但购买这种商品的恰恰是那些令超市最赚钱的顾客。于是奶酪并没有撤柜。[17]

尽管这个例子证明了发掘和收集顾客信息的益处,但也表现出它当中存在的局限性。比如,超市可否引进法国奶酪那样的其他产品,从而

第七章

把一些从不进店的人引进来,变成超市的客户呢?法国奶酪是否隐藏着整个社会可能出现的重大潮流?它又如何才能抓住这些机会?其他的竞争对手是否正在把握这些潮流或其他的潮流,比如更多样化的口味,即食品或有机食品等等?客户忠诚度卡等系统收集的顾客信息提供了关于客户的详细资料,但这些信息只是片面的,企业不知道的信息还很多。看到关于当前顾客和竞争对手的这些弱信号是个很好的开始,但是从更广阔的领域中,发现散乱的弱信号并作出合适的解释才是更大的挑战。

一个对周边视野掌控能力极强的企业在认知体系等方面往往非常强大,特别是在信息化时代从海量数据中鉴别出弱信号。它们知道如何在整个企业内部分享这些信息。正是由于要进行数据发掘,所以许多企业都拥有了大量资料,相对而言,它们现在是数据多但综合研究少。例如,英国有家零售企业叫安全之路,它认识到自己根本没有能力运用好它所收集到的数据,于是取消了收集客户忠诚度卡这种做法。除了顾客和竞争对手的信息,这家公司还收集了大量的数据,例如每个销售人员提供的信息等等。

威廉·吉布森(William Gibson)曾说:"未来就在我们当中,只是并非每个人都能了解。"企业需要构建渠道,将那些已经出现在企业中的关于未来的各种知识和观点广泛加以传播。如在第三章中讨论的,企业需要在内部扫描信息。企业逐渐地、及时地将这些信息综合起来,以方便使用知识管理系统。当然,还有无所不包的互联网。企业开始把它们的"哈勃望远镜"聚焦在这个巨大、无序,甚至不太可靠的领域,来获取一些特别的想法。如何更好地管理这些海量的数据信息,就是企业信息共享能力的核心。

管理者应该首先考虑,在他们的信息系统中是否存在着"结构洞"(structural holes),即那些本应该能接收到信息,但是由于社会网络的原因而导致无法接收到信息的区域。[18]如果的确存在着"结构洞",那么他们可以通过改进组织的感知系统来填补这个洞。与此类似,管理者也应该自问,企业是否存在"黑洞"(black holes),"黑洞"是指组织中信息缺失的区域。与天文学中的黑洞类似,它们都是昏暗的或得不到信息的人群(例如小组、部门或者职能处室),这些人群中有很多信息,但是他们几乎从不分享。当弱信号沿着曲折的路径,从模棱两可变得意义显现时,若遇到黑洞,这些信号就会半路悄然而逝。如果企业的某些部门与其他掌握丰富信息的部门完全隔绝,那么它们就会变成"结构洞",无法对周边视野中与企业整体相关的信息进行识别、放大和采取行动。

美泰公司在应对贝兹娃娃的竞争时出现的失误不能归结为缺乏数据。它收集了有关销售的大量数据;它还请了至少5家公司进行市场调查;它建立了许多主题调查小组、在商场进行调查访问,甚至还走进家庭,去了解儿童玩耍的模式变化。公司在20世纪80年代就发现了童年浓缩的最初迹象。但是在2000年,它的信息系统包含200个分散的子系统,由于这些子系统都是定制的,因此根本无法共享信息数据。2002年,在一次与分析人员召开的电话会议上,公司新任首席信息官约瑟夫·埃克里奇(Joseph Eckroth)提出,现有的系统阻碍了生产力的发展,降低了运营效率,而且削弱了公司应对环境变化的反应能力。2002年初,美泰公司对其信息系统进行了全面更新。但是,也许是由于财务因素的影响,公司没能把分散的信息点"正确地连起来",没能对所看到的一切作出迅速的反应。公司对芭比娃娃进行了几十年的投资,可它仍然失去了很多,这导致了公司采取更加谨慎的态度。在公司投产颇具时髦风格的"Diva Starz"玩偶生产线的时候,它就遭到了顾客的反对。除此以外,当贝兹娃娃出现在市场上的时候,芭比娃娃仍然处于成长阶段,它曾经打败了一些早先出现的对手。例如,竞争对手的一款"小美人鱼"娃娃已经取得了成功,但是当美泰推出一款有鱼尾的芭比娃娃时,就一

第七章

举打败了对手。[19]这些事实更清楚地证明已经掌控市场多年的那些公司特别危险,它们往往会忽视周边视野中导致现状发生变化的那些因素。

美泰公司的组织结构也不利于内部沟通。2003年美泰玩具品牌形成之前,公司的男孩玩具和女孩玩具事业部相对独立经营。(即使在那场沸沸扬扬的"分手"风波之前,芭比娃娃和她的男友肯彼此也没有什么交流。)这些事业部之间几乎没有交流,公司的不同品牌之间也几乎没有什么互动。2003年当公司设计新的美泰品牌时,希望促进男孩玩具和女孩玩具事业部之间更多的互动,但是到了此时,贝兹娃娃已经在市场上站稳脚跟了。

消除或挑战信息沟通的阻碍因素。组织中的沟通渠道可能会阻碍,也可能会促进数据信息的共享。例如,星巴克公司将营销活动的权力交给了当地的管理者,使他们能够更好地适应当地口味,但是这样一来,企业总部就越来越难以识别周围环境变化。尽管星巴克被公认为是世界上营销反应最机敏的公司之一,但它却没有战略营销团队,也没有首席营销官。与营销有关的权力分属三个独立的部门(市场调研、客户分类和行销小组)。2002年,正是因为这些因素,企业没能察觉到:企业的品牌正在逐渐弱化;基本的客户群已经发生变化,变成了那些年纪更轻的、教育水平略低、收入更少的人群;客户满意度正在逐渐降低。反映这些倾向的信息在个别店面中已经出现了,但是因为整个公司结构上存在的弱点,所以这些信息并没有集合起来。能够预示大局变化的信号在这家公司里是慢慢得到认知的。[20]企业能够通过重塑沟通管理或者建立整合的结构来拓展管理者的视野。

捕捉蛛丝马迹。企业管理客户数据的能力是在不断提高的。例如,企业正在采用实时信息来调整价格。企业还引入了预测分析,来帮助确定趋势发展的方向。但是这两类进步都是只关注当前业务的结构化的数据，而此类业务绝大多数在企业的焦点视野之中。企业面临的挑战在于如何很好地处理那些模糊的、非结构化的数据。企业必须仔细关注周边因素和那些弱信号，而在寻找确定结论的情况下，这些周边因素和弱信号往往会被系统滤除。

知识管理已经取得了巨大的发展，它结合了传统的档案管理方法和更为现代的决策支持方法，有助于开始解决信息的超载问题。所有这些系统面临的挑战在于如何决定哪些信息是值得保存的，以及日后需要的时候如何对这些信息进行提取，这些信息在以后才会体现它的真正意义。针对周边视野的信息而言，这是一项极其艰巨的任务，因为它往往是不完整的、模糊的，而且看上去相关性极低。虽然储存所有的弱信号反映出的信息是愚蠢的想法，但是严格的过滤会筛掉重要的信号。

要识别出重大的威胁因素，可用的一种方法是专门任命一名高管人员，来"收集偏执信息"。这个人必须级别很高，企业会听取他的意见，这样就确保了那些负面的、危及企业生命的信息都能够得到认真的对待。捕捉弱信号并采取行动的第二种方法，就是在不同的部门中抽取2—3个人成立一个搜寻小组。这些小组要思考的问题是：今年我们的新产品线可能遇到的最糟糕的问题是什么？一旦确定了这些威胁因素，这个小组就可以列出预警信号清单。在观测到可能出现重大灾难的情况下，团队还要考虑对公司最有利的事情可能是什么。这种方法会使组织更加关注那些微弱的不明确的信号，也可以让管理者更快地"掌握全局"。

利用市场机制和先进的分析方法来总揽大局。一位中央情报局的前任主任曾建议，针对恐怖主义设计一个虚拟的情景，让政府官员以及普通公众都能够看到，消息灵通的各方是如何评判发生恐怖主义袭击事件的可能性（例如摧毁巴黎埃菲尔铁塔和伦敦大本钟）。政治家们反对

第七章

用恐怖主义和厄运来打赌,因此很快就迫使放弃了这种观点,但实际上专家调查小组和市场领袖的调查结果都表明这种方法是有益的。而学术研究已经充分证明了市场或大众的明智。[21] 针对各类问题,都可以设计这种虚拟的影子市场,来跟踪各种观点,并对真知灼见加以奖励。例如,存在这样一个市场:能够预测总统的选举结果,在这个市场中,人们投下的是金钱和名誉。

问题的关键是,要设计一组专业化的和通用的情报收集工具,来检测周边视野,它类似于军事情报系统,在出现异常情况下时,对地球表面和天空进行的扫描。管理者能够越来越好地利用先进的信息处理技术进行检测、整理、存储、传递,甚至解读数据等任务。虽然绝大多数管理工具往往会缩小公司业务焦点领域的范围,但是仍然可以设计出范围更加广阔的系统,来跟踪周边视野中关键的发展问题,也可以组成专家小组,通过远程监控来对周边视野中的模糊信息进行裁定。IBM 公司的搜索服务项目"WebFountain"(在第三章中讨论过)不断地从网络和其他来源收集信息,梳理周边视野,这也许是私营企业中对周边视野探索中最积极、最系统化的努力了。各类技术,包括模式识别技术、信息存储技术和检索加密技术等,不断提高着企业掌控周边视野的能力。

设计一种能够鼓励探索周边视野的组织结构和业务流程

想要拥有能够提高周边视野探测能力的领导力、战略计划进程、文化和知识共享系统,就需要有合适的组织结构来支持。在芭比娃娃遇到贝兹娃娃的竞争之后,美泰公司创建了一个名为"鸭嘴兽项目"(Project Platypus)的创新中心,这个创新中心将不同的团队聚集在一起,来寻找新的产品设计方案。创新中心是要设计开发新的产品,而不仅仅是下一代的芭比娃娃或者是贝兹娃娃的模仿产品。项目的十几名成员轮换压缩其日常工作,腾出了 3 个月的时间,在一个专门的创意工作室里辛勤

组织——如何保持警惕性

工作。他们组成小组,到现场去观察孩子们玩耍,采访孩子们的父母,以及利用创造性的头脑风暴法来提出新产品的概念。[22]大家把他们喜欢的好主意拿出来一起讨论。这一举措不仅仅是为项目或市场创新想出新点子。随着新参与者的逐步轮换,这一举措也成为把创新能力在组织中向更大范围传播的一种方法。

这一举措已经成功地帮助公司创造出诸如"Ello"这样的真正的新产品,这种产品最初设计的是"创意手工造型玩具",目标定位在5—10岁的女孩,这种玩具什么都可以搭,比如房屋、人、项链等等。2003年,在全球范围内,Ello产品带动美泰公司的其他女孩玩具品牌,销量上涨了5%。通过建立的"鸭嘴兽"项目,公司实质上是增强了更快掌握周边视野领域的能力,并通过组织结构进行重组,让那些从周边视野得到的真知灼见迅速转化成新产品。与此相似,宝洁公司也开创了一个新的做法,它让管理人员暂时离职,然后让他们在很短的时间内,针对一项完全崭新的业务,设计一个初始方案(见"间断的新兵训练营")。这种措施能够让管理者动起来并扩展他们固有的狭窄视野。

间断的新兵训练营

宝洁公司首创了一种叫做"间断的新兵训练营"的方法,而这个名字传递出了一个非常清晰的信号,即未来的工作肯定会挑战现状。在新兵训练营,管理者远离现有岗位,必须在一段很短的时间内开发出新产品创意。从前创意者曾经不得不把他们的想法写在餐巾纸背面,而现在,技术已经可以帮助进行创意设计。模拟手段可以加速信息的传播,能够帮助设计出描述产品概念的视频原型。而原始模型电视广告能够迅速地让人们很难想象的创意变得真实起来,而且能

第七章

够更加清楚地提出其潜力。这种方法给那些参与设计的管理者和对产品概念进行评价的人提供了机会,他们可以评判这些产品概念是否足够清晰、是否具有足够的差异性,以确定是否为其将来的全面开发提供时间和资源保障。这些创意的评估者还能够发现一些他们在常规的商业计划书中无法找到的东西,一种发现新创意的激情和兴奋。它会不会是一种充满希望的业务呢?

整个这个过程比传统的方法要快得多,也粗糙得多。在开发周边视野的时候,目的并不是要仔细观察每一个细节,而是要快速决定这个项目是否值得组织投入更多。从根本上讲,这些方法可以让企业快速地观察四周,然后决定是否要对这个处于边缘范围的产品概念投入更多的关注。[a]

a. Larry Huston, "Mining the Periphery for New Products," Long Range Planning 37 (2004), 191–196.

其他一些类型的组织结构也能够对周边视野有所帮助。正如在第五章中所讨论的一样,中央情报局创立的机构"In-Q-Tel",旨在发掘和评估新兴的有用技术。很多公司也建立了投资基金,如"因特尔基金"(Intel Capital),它的目的是要密切关注新兴技术。组织内部结构中也有一些因素,有助于增强周边视野探测能力,它们包括:雇用那些能够增加组织的好奇心和能从多个视角看问题的员工;积极鼓励和奖励那些周边视野探测能力强的个人。针对周边视野领域,明确的责任分配是非常重要的,这一点我们下一章再讨论。

招聘有好奇心的人,培训员工拥有好奇心并对有好奇心的员工加以奖励。有些人天生比别人拥有更强的周边视野扫描能力。比如,如果你参加一个舞会或者宴会,你会注意到周边环境中多大的范围呢?谁在和谁说话,谁较早地离开,哪里有笑声,哪里有紧张气氛呢?有些人能够意识到发生的所有事情,而有些却知之甚少,甚至对一晚上与他说过话的少数几个人也没留下什么印象。想要企业更具好奇心,那么具有招聘、培训和劳资功能的人力资源部门可以成为重要的力量,它能够改善企业的人员构成。

企业在构建组织结构时,可以设计出多样化的员工结构,并在招聘新员工时强调对周边视野的探测能力,这两项举措都对提高企业的扫描能力有所帮助。在招聘新员工的时候,可以进行一些特殊的测试或者提出一些特殊的问题,来评估这些人在视线不变的情况下扫描周边视野的能力和兴趣。在进行业绩审查的时候,可以评估员工在周边视野领域中注意到细节的频率和效率。内部培训项目可以包括批判性思维、创新思维、情景规划、动态监测和弱信号探测等等。我们在认识外部世界的时候,不时会因为某种偏见而判断失误,因此,应该教育企业的员工,让员工进行认知过滤,避免出现各种偏见。

结论:综合考虑

构成企业对周边视野掌控能力的因素都是紧密相关的,如图7-2所示。一方面,这些因素相辅相成;另一方面,其中领导是最重要的因素。强有力的领导能够引导整个企业形成一种重视周边视野的文化。

然而,某些情况下,各个因素之间的关系非常复杂和微妙。在某个方面看似能够提高周边掌控能力的因素,但实际上会限制组织的灵活性,削弱组织的好奇心。例如,思科公司(Cisco)通过"虚拟结账"系统,能够实时地结算,这使得它看上去对环境非常适应。企业以前要等一个月才能了解业务状况,而现在它能够及时地掌握每天的业务状况,实时

第七章

图 7-2 周边视野掌控能力的构成因素

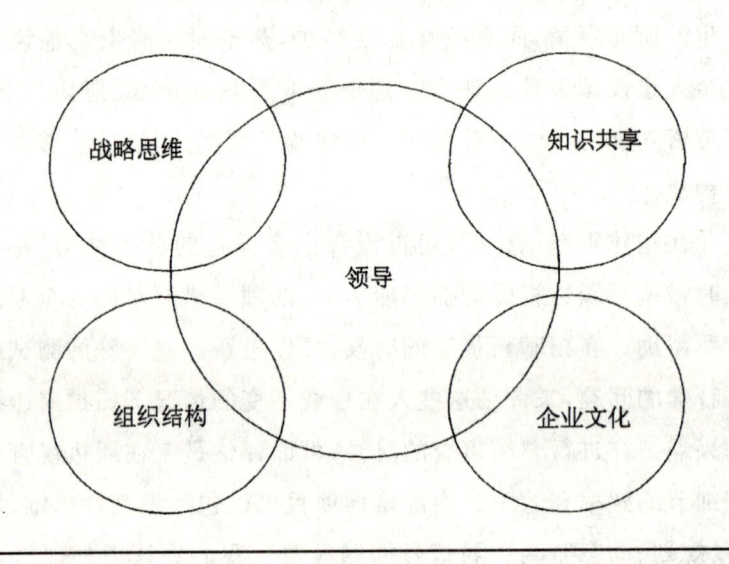

（图：战略思维、知识共享、组织结构、企业文化四个圆环围绕中心"领导"）

了解公司的财务收支状况。虽然公司将注意力焦点集中在实时的当前业务上，但这种方法并没有帮助公司识别出环境中更加广阔范围内的变化因素，而这些因素最终会影响公司的业务。公司在识别网络热潮消退引发的商业衰退方面行动迟缓，因为产品库存大量积压，这让思科公司2001年损失了数十亿美元。也许这本来就不可避免，但是实时结算这种做法给公司提供了一面非常清晰的后视镜，而不是让企业更好地看清前方道路。实际上，这类实时管理的系统可能会造成一种虚假的安全感。

尽管本章中的每项建议本身都能够提高企业对周边视野的掌控能力，但是如果能够将这些因素有效地整合在一起，那么将能够起到更大的作用。在设计探究型组织的时候，要积极鼓励管理者接受系统观念，坚信"一加一大于二"的道理。企业内的各种力量将力求维持现状，反对任何改变。这就是橡皮筋理论的核心。某一个独立的小变化就好像在轻轻拉开一根橡皮筋，然后放手。橡皮筋会迅速地反弹回原来的状态，企业也是类似，如果没有强大的外力支持，变革后会迅速回到原点。这里所给出的每一项建议都会对其他建议有促进作用。但是，企业必须平衡资源，合理地将资源分配给核心业务和周边视野。在下一章，我们会进一步探讨如何评估和提高你自己企业对周边视野的掌控能力，尤其是领导者的角色。

第八章　领导——行动方案

"不要以为任何时候你都可以预测未来。生命的过程是不确定的,你唯一能够做的,就是培养自己应对确定局面的能力。战略的目的就是培养这种能力。"

——英国石油公司首席执行官
约翰·布朗勋爵(Lord John Browne)[1]

英国广播公司(BBC)的一位高管乘飞机离开伦敦,她俯看着泰晤士河边那座备受争议的千禧穹顶充满未来主义色彩的轮廓,陷入了沉思。公司的传统业务就像静静地流淌的泰晤士河一样,变化缓慢;而数字化时代却对它提出了巨大的挑战,这个庞大的白色穹顶引发了各种宣传和期许,数字化时代正蓬勃地向前发展着。公司必须平衡两者之间的关系。飞机越飞越高,她看着这座城市纷繁的景象,思考着公司复杂的局面,感慨万千,我们如何才能引领公司迈向这一新的数字化时代,同时又不脱离现有的读者?

由英国政府资助的英国广播公司,是一家公立的广播公司,它正面临着一系列复杂的挑战。2004年整个一年,英国广播公司仿佛都处在水深火热之中。[2]针对伊拉克战争情报的调查导致两位高级主管辞职。公司向拥有电视机的2 400万家庭征收强制性的许可费(尽管这笔钱是

第八章

用在英国全国性和地区性的电视、广播、网络和互动服务上),引起了人们的广泛批评。目前,技术取得了飞跃发展。20世纪80年代初,只有四个频道,而现今数字播放已拥有了400多个频道,同时,公司还得到政府的资助,为此,竞争者变得更加愤愤不平。2005年,就在这种紧张的氛围中,公司就经营内容展开了谈判,最终明确了企业的地位,更获得了收取许可费的特权,这使它可以获得30亿英镑(约合56亿美元)的经营收入。这笔收入支持公司开设了八个电视频道,十个广播网络,并覆盖了整个英国和英联邦国家的在线服务。公司还有另外两个商业化运作部门,还能带来更多的收入——这两个部门分别是英国广播公司下属的环球公司和英国广播公司风险集团公司——他们在世界各地销售产品并提供服务。

  英国广播公司的节目制作是一个不断完善的过程,公众的喜好通常是很难预测的。例如,2005年,其经典频道广播3台,用了整整一周的时间播放贝多芬写下的每一首曲子,同时在电视频道中播放相关的戏剧和纪录片。它取得了巨大的成功。在播出后的头5天里,贝多芬的五首交响曲的下载量就达到62万次(9首交响乐播出后的下载量达到3 140万次),在下载排行榜中,排在前5名,超过了那些热门的流行乐队。

  但是,英国广播公司最重要的改变是进行了数字化革命,对设备进行了改造,并在广泛的数字化平台上提供播放内容。截至2005年,人们可通过数字电视、互联网和移动通讯设备看到播放的内容。听众还可以接收数以千计的国际电台的节目。这些技术的发展促成并加快了观众听众的进一步细分,并加速了人们收视和收听品味的改变。公司在实现核心的创意、民主、社会和文化目标的同时,还需要加大研发和创建新媒体。英国广播公司如何才能应对广阔的、并且不断变化的周边视野信息,同时又不过于敏感、精力分散呢?

挖掘或者留意周边视野信息

在周边区域,英国广播公司面临着非常广泛的、模糊不清的威胁和挑战。它必须要"留意"周边的广泛信息,认识和把握相关的变化,特别是在发行方面和观众的消费习惯方面。[3]这就要求它在许多领域要分散关注和采取行动。与此相反,当面对周边领域较为明确的信息时,例如发光二极管技术对照明设备行业的威胁(第六章讨论过),领导可以鼓励公司来"挖掘"这个特定的领域。"挖掘"需要特别聚焦关注周边视野中某一个特定的区域,需要培养快速的反应能力。当然,除了发光二极管以外技术,照明设备行业的管理者可能还应该更广泛地关注其他一些改变。例如,与传统的照明灯泡相关的汞污染将会产生怎样的影响?

如果企业留意周边视野的范围非常广阔,那么它面临的风险就是使注意力变得过于分散。英国广播公司通过一系列方法避开了这种风险,包括激发公司员工的好奇心,对具体挑战直接关注,广泛跟踪各种趋势和品位的变化,虽然留意周边区域还有很多种策略,但是我们下面要详细地分析三种策略,从而更好地理解这种方法。

激发员工更多的好奇心

2004年6月,当马克·汤普森(Mark Thompson)被任命为英国广播公司总裁时,他就充满激情地制定了一条原则,要让公司密切关注外界是如何变化的。他曾经在一家小型的电子消费品商店看到高清数字摄像机的价格很低。消费者已经在使用高清电视了,然而英国广播公司还处在讨论阶段。他认为,未来就摆在面前,公司需要更好地了解它。马克·汤普森宣布,对公司的执行委员会进行重组,然后对影响公司业务的因素进行详细分析。虽然公司需要削减成本,但他明确地表示,更

第八章

重要的是公司应该提出问题,质疑公司的经营方式。在他上任的第一天,他告诉公司遍布整个英国的28 000名公司员工:"我们打算以一种真正开放的心态开展工作,但许多问题不会到此为止。如果我们不深入分析自己的做法,别人就会替我们去做……我们的任务是,在未来3到5年内,更迅速、更彻底地改变BBC,要超过以往任何一段时期。"[4]

因为公司拥有广泛的视野范围,所以很重要的一点就是他不能只给员工提供简单的答案。相反,他鼓励企业的员工更好地理解周边区域的方方面面。汤普森发起了一项名为"创造性的未来"的活动,鼓励公司的所有人都密切关注影响公司未来变化的因素。

公司的目标是让每一个员工都向外看,思考周边视野的问题,特别是新技术、新营销渠道和消费者行为的变化等等,从而更好地理解自己的业务会发生什么变化。这是一种企业文化的改变,从仅仅播送新闻和其他节目转变为到更广泛的区域寻找信息。这种企业文化鼓励所有人都积极地参与信息扫描,分享信息,创建机制,让大家一起讨论这些信号的意义。

这种企业文化的改变激发了各个部门的热情,它们提出各种见解,采取了许多行动。举例来说,在试图了解年轻观众的过程中,公司的营销人员发现,虽然年轻观众喜欢英国广播公司的特定节目,但是这些观众并不会把节目和"BBC"的品牌联系在一起。于是,公司开展了旨在营造企业形象的主题活动,提高观众对公司的认知度,让他们了解,观众那么喜欢的节目实际是出自英国广播公司的。在此过程中,公司面临的挑战是,如何在他们习惯的氛围中接触到用他们习惯的表达方式开展的主题活动。

密切关注具体的挑战

当企业拥有广泛的周边视野时,它面临的一个主要问题是,会很容易变得不知所措,注意力就分散开来。企业在更广范围内提升认知度的同时,还必须思考优先关注的问题,把重点放在具体领域内。在讨论周边视野时,宝洁公司的总裁拉里·休斯顿(Larry Huston)曾经回忆说,小时候家人叫他在宾夕法尼亚州东部的耕地里寻找印第安人的箭头和其他一些手工制品。因为没有方向的胡乱搜索往往很少成功,于是,休斯顿的父亲就教他使用棍子进行搜索,用棍子随机地戳进田地里,眼睛只看到棍子的末端。虽然这种搜索是随机的,但他的眼睛只关注棍子附近很狭小的范围,可以看到一些很小的器物,如果不是这样,这些小东西很可能就被遗漏了。

在BBC公司内部,马克·汤普森推出了具体的举措,让公司把注意力集中在深入理解外界的变化上面。这些举措并不像休斯顿的棍子一样随机,但它们达到了类似的目的,那就是把注意力引向周边视野中更狭小的更重要的区域。数字技术就是其中之一。虽然最初人们对它关注不多,但现在,不仅是BBC,还有其他企业,都对它投入了极大的关注。在他上任一周之后,汤普森和公司董事长迈克尔·格雷德(Michael Grade)发表了一份九条宣言,作为公司修订经营原则的一部分,公司要调整战略,满足数字时代的需求,把握机会。他们设想英国的每个人都同样能够享受数字化的服务——包括按需提供、移动型服务以及个性化服务。此时,"从公司到消费者的传统的单向传播逐渐演变成双方真正有创意的对话,公众不再是被动的观众,而是积极的、充满灵感的参与者。"[5]这份文件在公司里开创了一种氛围,让人们关注了这些技术的含义,让企业把握住数字化世界的机会。

英国广播公司还与外部的咨询顾问一起,研究外部世界的变化,在公司内营造所需的企业文化。通过这种做法,公司认识到,观众们早就领先于公司,接受了数码录像机、维客、手机短信等新技术,消费者接触媒体和娱乐活动的方法、场所和原因已经发生了翻天覆地的变化。

第八章

英国广播公司进行了多项实验，以了解观众与以往大相径庭的行为，例如下载、互动、操纵和共同创建内容等。广播公司开发出了一种无线播放机，可以接收到网络直播的内容。随后，公司又推出了互动式媒体播放机和MyBBC播放机，允许付费的特许用户搜索和访问英国广播公司的档案。所有这些举措都是对周边视野的信息作出的真实回应。

主动跟踪各种趋势和消费者品味的变化

英国广播公司还利用跟踪时尚趋势的工具来进行扫描、搜索，并将有关结果加入节目的创作过程。同时它还时刻跟踪引领时尚的地区和人群。公司的首席技术官经常访问数字技术发展领先的韩国和亚洲其他国家，而数字技术正是他在努力开发的领域。他特别关注技术对英国广播公司本身业务的影响，例如：在消费者获取新闻、娱乐和信息的过程中，这些新技术能够产生什么样的影响？当消费者通过手机、电脑和电视接受新闻和娱乐产品时哪些渠道是最重要的？播客的现状如何？什么类型的内容通过什么样的渠道，能够实现最优的传播效果？例如，他们创制了一种手机电视服务，将一些大型节目的压缩片断直接发送到手机里。英国的经验会与其他国家类似呢，还是有所不同？

英国广播公司也仔细地观察体现在家庭中新的变化，这让他们得到了一些意想不到的启示。例如，它认识到现在一个很流行的趋势，就是很多人都是独自一个人生活。这就导致全家人一起看电视的情况比以前少，更多的是一个人收看。即使在有许多成员的家庭中，购买多个电视机也就意味着，人们都仿佛生活在自己的"信息茧"中，大家很少有机会相互分享各自的体验。这点新的认识给公司创造了新的机会，他们制作了可以吸引全家人一块收看的电视节目。例如，在星期六晚上七点，公司重播了《神秘博士》（*Dr. Who*），这是典型的收视率极低的时段，但它却获得了巨大的成功，主要原因就是这个节目能吸引整个家庭一起收看。这震惊了整个行业,让大家认识到周六的晚间时段也可以有很好的收视率,即便媒体越分越细,但是能让人们聚在一起收看的传统娱乐节目还是有市场的。

博客同样也改变着英国和全世界观众与英国广播公司的关系。平民化新闻是一个很重要的新发展,此时游客可以拍下海啸或者爆炸的照片,上传到网上与人分享,写博客的人也可以经常更新,互动式的媒体越来越强大。这些由技术驱动的新发展显然改变了英国广播公司与观众的关系。而这些变化也给它带来了巨大的挑战,它必须保证诚实、公正和信任,使这些核心价值观连贯地保持下去。

以上只是英国广播公司留意相当广阔的周边视野的几个例子。在实践中,是留意周边视野,还是挖掘周边信息,那只是一个度的差别。每个企业都必须在不忽略全局的前提下,留意关注较小的范围。

关于周边视野的六点教训

对于像英国广播公司的马克·汤普森这样的领导者而言,他们必须引领企业关注周边视野,那么他们应该坚持什么原则呢?我们根据前面的讨论,整理出了几点重要的教训,吸取这些教训有助于企业及其管理者更好地把握周边信息,而不会感到压力过大,或者混淆信息。

教训1:拥有周边视野更多的是让你对未来有所展望和警觉,而不是让你去预言未来。[6]对周边视野要有一个有效的掌控,一个最重要的原则就是,周边视野总是没有焦点视野那么清晰。周边区域是模糊不清的,是黯淡无色的。弱信号的本质特征是模糊的。未来的局面基本上是不明朗的。然而,即使有这些局限性,周边视野还是具有两个方面的作用:一个是让人们对不确定性提前做好准备;另一个是就在别人反应之

第八章

前就采取行动。当一个清晰的预测出现的时候,可能就已经太晚了。监测周边信息的公司可以明智地定位。尽管作为人的本性我们都希望事情非常确定、精准,但要看到焦点视野以外的信息,我们就必须适应模糊的局面。

教训2：问题不是缺乏数据,而是没有问对问题。 管理者会为搜集了更多的信息而心安理得,但是除非他们收集信息时扩大了视野,范围足够大,否则不管他们如何仔细查看,他们还是看不到机会和威胁。恰当的问题可以将整个企业的注意力引向正确的重要方向,同时还可以把干扰因素排除掉。

教训3：周边视野信息不会主动来找你,所以要以开放的心态进行积极的扫描。 不要等着周边信息来找你,你必须主动去探索。如果哥伦布仅仅是眺望着大海,那么他是不会到达美洲的,他航行了,所以才发现了。在周边视野中,尽管被动扫描的确起到了重要的作用,但是你还必须通过有目的的假设方法和向未知领域的非定向的探索方法,主动、积极地加以探索。尤其,你可以使用多种工具来聚焦周边视野里的具体区域——例如客户的改变或者新兴技术——这对你的企业或者正在讨论的问题特别重要。主动扫描不能是一次性的,也不能一年只进行一次。它必须是一个实时的观察过程,在这个过程中,要广泛利用相关的技术和方法。

教训4：使用三角测量的方法更好地了解周边信息。 正如眼睛使用三角测量的方法来看清物体一样,了解周边信息也需要三角测量的方法。如果周边信息扑朔迷离,那就从不同的角度来查看。邀请拥有不同观点的人发表意见,或者使用多种方法或技术,就能很容易地做到这一点。因为周边信息本来就是含糊的,并且是不完整的,所以这一点尤其重要。观点之间的冲突和差别以及这些假设都有助于阐明全局的不同部分。采用这种方法,企业就能够创造性地思考如何去"连线成图"。

教训5:当捕捉到周边视野的模糊信息时,在采取行动之前进行探查是明智的。不要轻信你在视野角落里看到的东西。不妄下结论,而是花更多的时间来了解周边信息,这很重要。我们必须采用定向探查的方式来放大弱信号。我们还必须谨慎行事,综合利用实物期权投资和实验等方法,来保持灵活性,直至情况变得明朗起来。[7]

教训6:平衡周边视野和焦点视野的关系是领导者面临的一项主要挑战。企业投入到探查周边区域的资源和精力往往与对中心业务的投资不一致。公司必须协调平衡焦点视野和周边视野之间的关系。眼睛令人惊奇的工作原理是,在很好的光线下,视锥细胞负责看清中心视野,而视杆细胞负责看周边视野,视杆细胞和视锥细胞各有分工;与此相似,企业绝不能分散或挪用本应投入焦点视野的稀缺资源,来探测周边视野。领导者必须在评价公司需求和环境的基础上努力寻求一种良性的平衡。有些企业需要建成严格聚焦的公司,但另一些企业必须建成真正的"能灵活应变"的公司,这种公司不仅能够管好小事,而且还能够引领彻底的转变。

改进的方案

如果公司在探测周边视野方面存在缺陷,那么它就必须制订方案加以改进。一旦明确了这些缺陷,就有很多方法来对付这些缺陷,这正如与人类的周边视野有关的疾病,有多种治疗方法一样。(见"治疗与周边视野相关的疾病")。前几章中我们介绍了一些针对业务流程和能力培

第八章

养的具体战略,它们可以增强公司掌控周边视野能力。

治疗与周边视野相关的疾病

与周边视野相关的疾病是怎样治疗的?诸如色素性视网膜炎这样的疾病会削弱周边视野,这类疾病的主要治疗方法有以下几种(括号中是企业对应的改进方法):

- 移植别人捐献的好的视网膜(招聘员工或聘请顾问,提出新的见解);
- 移植整个眼睛(引进一位新总裁或实行重大重组,来改变视角);
- 利用干细胞来刺激眼组织的生长(在现有公司内,采用内部培训的项目和措施,来培养更广阔的视野);
- 使用电子或人工的辅助治疗手段(利用技术来增加、放大和整理来自周边环境的信息,挑战现有的观点)。

检查你的视野

每年眼科检查时,验光师都会发给你一张提示卡;同样地企业也应养成习惯,定期采用战略眼光测试的方法来评估自己的周边视野掌控能力(见附录A)。企业所处的环境是否发生了改变,使得周边视野变得更加重要了呢?在提升企业能力方面,你们是否在进步?企业遇到的意外情形是越来越少呢,还是越来越多呢?企业应对所有的管理人员进行这项测试。原因是,首先,战略眼光测试有助于提高对周边视野重要性的认知;第二,战略眼光测试是一个可以引发大家积极讨论的工具。因为在对周边信息扫描时,采取的方式不同,范围不同,灵敏度不同,所以在高管团队成员回答具体问题时,我们常常发现,他们之间存在很大的差别。通过把各种不同的假设摆在人们面前,并且提出各种质疑,让他们变得更加明确、清楚,这样一来,团队成员就会对周边信息更加敏感。第三,战略眼光测试可以成为一种培训的工具或者界定的工具,帮助高管人员更好地了解周边区域的范围和复杂性。

因为公司认识到了周边视野的重要性,所以它们可能会经常做这项测试,而不是一年一次或者半年一次。最终,它们可能会用一种更广泛的战略监测方法取代目前的工作方法。[8]这种监测方法不仅有助于跟踪公司当前业务的进展,而且还能监测周边区域的变化。这种方法可以用来识别竞争对手什么时候会发起进攻,也可以用来确定密布的乌云所预示的是一场短暂的阵雨,还是一场飓风。

留意差距

附录 A 中的战略眼光测试将帮助你评估企业目前应对周边视野的能力和你的需求之间的警惕性差距。就像运动员拥有不同天赋一样,企业因为自己的经营历史、组织结构、行业特点,因而在周边视野方面,就具有一些固有的优势和弱点。但是企业仍然可以通过培养和开发来改善对周边视野的掌控能力(因为人体的结构没有企业结构的可塑性强,所以企业会比运动员更容易改变)。

如果警惕性差距很大,那么前几章介绍过的一些战略将有助于缩小这个差距:

- **扩大或调整范围**。审查战略规划制订的过程,使之更加外向化,包括扫描边缘业务。企业目前在哪些方面缩小了人们的视野范围?企业中是否存在信息隔离、信息过滤和盲点等现象?如何解决这些问题,并设定适当的范围?

第八章

- **加强扫描**。明确企业如何能更有效地扫描周边的不同区域。组织是否能够创建和开发一个能够跟踪外部事件的动态监测系统，特别是针对那些异常的事件？是否有机会将企业现有的管理手段改进为能够捕获弱信号的战略监测手段？

- **提高解释能力**。寻找多种方式，获取其他的观点来加深理解。整合内部和外部的不同观点，形成协调的世界观。关键是采用多种方法从不同角度看问题。

- **积极探查**。要明确企业如何才能更仔细地看到重要的弱信号；企业如何能够采用期权投资的方法，既不负担过重，又能探知弱信号。

- **采取明智的行动**。要根据企业面临的周边挑战，采取明智的行动，处理好环境中的不确定因素和来自竞争对手的威胁。采用一种期权投入的方式，来应对未来的不同局面。

- **调整企业的结构**。警惕型企业的组织结构需要具有几个特点，例如它需要这样的领导团队，他们鼓励公司把更多关注集中在周边区域；另外它还需要企业采取探究的方式进行战略决策；并创建灵活和鼓励员工好奇心的企业文化，鼓励员工积极探索边缘区域；另外，它还需要建立检测和共享弱信号的知识系统；以及促进企业探索周边视野的组织程序和业务流程。需要反复思考的问题包括：激励制度（制度是否鼓励人们去捕获和共享弱信号？）、知识共享的渠道、招聘和提拔制度。公司是否倾向于招聘那些对周边视野有强烈感知能力的员工？还是会招聘和培训拥有较窄专业知识和注意力范围有限的员工？最佳的平衡点在哪里？如果差距很大，那么对企业的组织结构进行反思尤为重要。改善方案应侧重于我们在研究中发现的三个最重要的方面：领导力、激励措施和鼓励共享信息的组织安排。

- **专注于领导力。**以上所述要素中,领导力是最重要的。领导者应该深入一线、增强领导能力,表现出对周边区域的兴趣,并奖励员工对周边视野的见解。企业应把着力点放在挖掘周边区域当中的具体问题,同时留意更广泛的相关区域。企业还应该开展旨在加强认知和培训的项目,促使人们对周边区域产生好奇心,并引入广泛探测周边视野的工具。除了企业领导要拥有强大的掌控周边视野的能力以外,企业还需要有一个真正灵活的董事会(例如要善于处理焦点问题和周边信息两个方面)。如果要推行改革,那么一个完善的改进计划就必须拥有以下特点:

1. 整个组织自上而下全员参与。
2. 创造条件,让人们获得很好的结果。
3. 要认识到企业文化的转变始于人们行为的改变。
4. 重行动,而非重言语。[9]

从根本上讲,因各个企业的警惕性差距现状不同,另外企业文化、资源和其他因素也各不相同,所以每个企业都需要一个有所差异的行动计划。

落实责任

企业中的每个人都可能对了解周边视野有所帮助,但如果所有人都要负责任,那么事情往往会变成没人承担任何责任。在设置企业的组织结构时,一个中心问题就是责任的落实。企业中的哪一个人负责关注周边区域?企业应该如何组织安排,来调查周边区域?其中可能的组织方式有下面几种:

1. **把责任落实给一个现有的职能部门。**企业可以把扫描的任务分配给一些职能部门,例如负责企业发展、竞争对手情报收集、市场

第八章

研究或技术预测等的部门。这样做的风险在于，这些部门会把它们的角色限制在狭隘的收集和处理来自他们熟知领域的那些数据，而不进行广泛的扫描，并把它们所了解到的信息传递给别人。

2. **设立专案调查小组。** 总裁或执行委员会，连同董事会，可以识别出最紧迫的问题，然后成立专门的任务小组，来深入研究每个问题。此时往往会采用情景分析的方法，来识别关键的不确定问题，以便更好地了解并监督它们。

3. **创建让高管人员保持警惕性的方法。** IBM 公司有一种持续的做法，称为"桅杆瞭望台"，它指的是扫描周边特定区域，并将发现告知企业的高层管理者。这些周边区域包括童年浓缩、客户的多元化、全球化，还有网络。该小组的责任是能够把职能部门和产品开发部门的盲点找出来，这就像船上的桅杆守望台，专门瞭望发现新的陆地和前方危险的暗礁。

4. **采取创新型举措。** 为了使经理们关注周边区域，1996 年，荷兰皇家壳牌企业集团推出了一项创新计划，称做"游戏改变者"。这一计划的目的是鼓励经理们设想与检验有关核心业务以外的新机会的各种假说。计划实施的头 6 年中，一共提出了 400 多个创意，其中 30 多项技术实现了商业化开发，创造了三类新业务。[10] 包括纽约人寿保险公司在内的其他公司也提出了类似的做法，许多都取得了很好的效果。

5. **进行创业投资。** 技术领域中心的大多数大型公司都拥有充裕的资金，来投资于那些前途光明的创业活动，这种方法可以很好地监督周边区域的发展。这样的投资可能数额不大，但足以对新兴的技术和市场有一个明确的了解。如果创业行为获得了成功，那么就可以考虑进行收购。举例来说，索尼公司就用这种办法投资了 900 多家企业。

6. **外包**。企业也可以把观望周边视野的任务外包给企业以外的咨询顾问,他们能够针对企业受影响的业务提出各种真知灼见。虽然这些外部的合作伙伴可以对业务提供新的视角,但企业必须注意协调,以确保他们的目光集中在恰当的区域,而且确保在整个公司内部共享信息。

形成一个连贯的视角

在本书中,我们提出了7个步骤,遵循这些步骤,企业可以改善对其周边视野的了解,提高掌控能力,并增强所需的领导力。然而,正如我们一再指出的那样,探测周边视野是一个反复的过程。扫描过程影响范围的确定,而确定的范围反过来又影响信息的解读、探查和行动方案。虽然,我们出于阐述的目的把探查周边视野分成了各个阶段,但在实践中,管理者面对挑战时并不是这样的。每个阶段都是相互联系的——看到问题和采取行动往往是同时发生的,而作出判断和采取行动的时间则是非常有限的。例如,打篮球时,球员看到场上的局面是一回事,但要把所有信息整合在一起,完成一次漂亮的投篮,则又是另一码事。在公司中,同样是这样的。

探知周边视野存在的这种反复性特征可以看成是一系列相互关联的问题,如图8-1所示。我们首先会问,哪些是我们应该聚焦的正确问题?因为有了这份好奇心,所以企业就开始寻找可能的答案,明确它已经了解的信息,并在此基础上采取行动。比较明智的企业可以基于过去的盲点或者错过的机会思考企业的薄弱环节在哪里。在管理人员关注周边区域时,他们必须提出以下问题:

- 我们应该提什么样的问题(定义范围)?
- 我们应该如何寻找答案(确定扫描策略)?

第八章

- 它意味着什么（解释清楚最初的发现）？
- 我们应该做什么（制定灵活的行动策略）？

所有事情的核心，是确定如何扫描周边视野和扫描哪些区域。通过提出上面每一个问题，并作出回答，企业也会对周边区域有所认识，并发现一些新问题，加深对周边视野的认识。

在这个提问的过程中，还涉及一系列组织方面的问题。图8-1所示，组织问题包括检测哪些内容？在哪里检测？什么时候完成？谁来负责？需要什么资源？对这些问题的回答将决定着管理人员如何关注周边区域。

图8-1 探查和了解周边视野

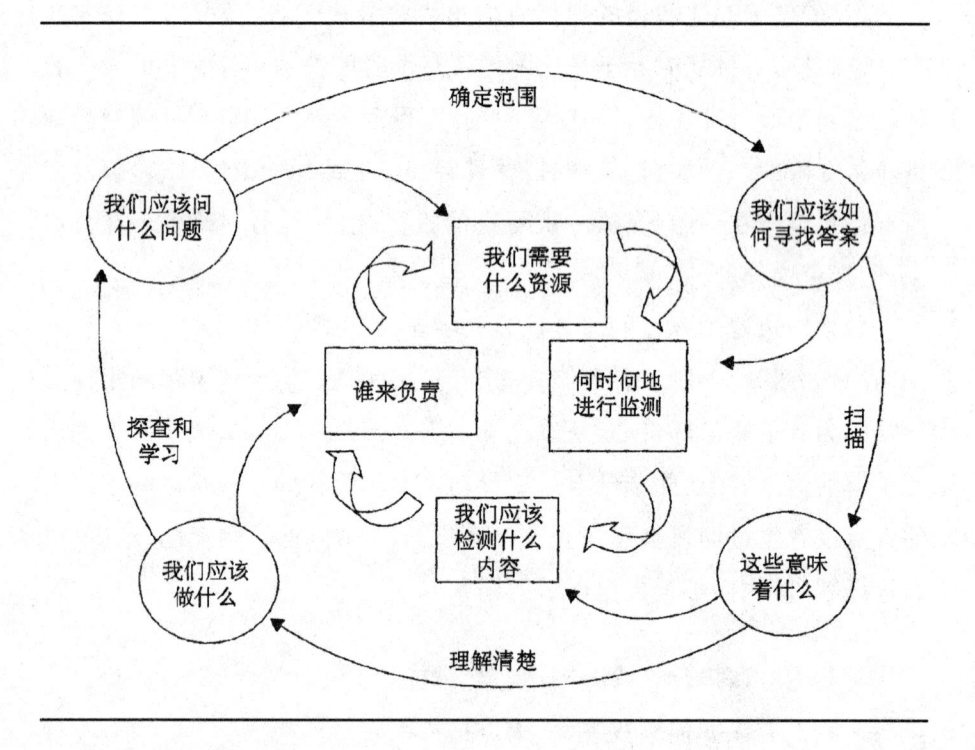

最后，企业必须兼顾周边视野和焦点视野，使它对世界有一个连贯的看法。企业自身，特别是企业的高层领导，要把两者组合在一起，平衡这两种观察世界的方法。领导人决定着如何投入资源才能产生最佳的效果，而且决定着如何才能把来自周边区域的见解与对核心业务的理解整合起来。

适者生存

也许在你的企业里，已经有人感觉到了一个来自于周边区域，非常微弱，但又非常重要的信号。你的企业是否非常高效，能够了解和分享他的观点呢？无论我们个人还是企业，就所能看到的距离而言，就探知周边弱信号的能力而言，我们都是存在局限性的。因为识别弱信号需要超能力，所以一些弱信号将会不可避免地被人错过。现在，能够透视的超人只存在于科幻小说和漫画书中。

我们也必须认识到，周边视野不同于焦点视野。探知周边视野的过程需要不同的能力和方法。周边视野的信息模糊不清，这需要一种不同类型的注意力。在企业中，对周边视野的探知不会自动完成。它需要企业投入资源和注意力。

虽然周边视野的复杂性可能无法让人获得简便易行的应对之策，但是我们的研究工作清楚地表明，可以使用本书中提出的战略和框架来加强对周边视野的掌控。即使你看不透墙壁，但你可以比竞争对手更快地识别出将要发生的事情。

人们知道突然涨潮预示着海啸的到来，与此类似，如果能更早地识别出预警信号，那么对企业而言，会产生截然不同的影响。相对于竞争对手，那些有效地锻炼掌控周边视野能力的企业能够获得巨大的优势。它们能够更迅速地识别和把握机会。它们能够避免被市场、技术、法规

第八章

和竞争对手蒙蔽。虽然要做好这些工作是需要技巧的,但是由于环境变化得很快,各种因素越来越不可预测,因此培养高效的周边视野掌控能力比以往任何时候都更有意义。正如达尔文所观察到的那样:"生存下来的物种并不是最强的物种,也不是最聪明的物种,而是对变化反应最快的物种"。

附录 A 战略眼光测试——你的公司的警惕性缺失点在哪里

下述的"战略眼光测试"(评估工具 A-1)是用来帮助企业的管理团队更好地理解周边视野的意义的。而且,这种调查也可以测量企业需要拥有的从周边环境中捕捉弱信号的能力与其真实的现有能力之间的差距。企业的需求要依照你的战略、业务特点和产业环境而定,企业对周边视野的掌控能力是由第七章中论及的那五个因素来决定的。尽管这项测试一个人就能完成,但是我们认为,了解几位高管人员或者更广泛人群不同的观点,这样的结果更加有启发作用。我们建议采用如下步骤:

1. 请高管团队中的成员各自回答"战略眼光测试"问卷中的题目。
2. 测试中的每一个项目都会按照 1—7 打分。每位高管人员都要完成第一部分的全部项目(关于企业的需求),然后完成第二部分(关于企业的现有能力)。
3. 寻找不同成员的答案中最明显的差异,讨论差异出现的原因。
4. 通过分析需求部分的总分(D 部分)和能力部分的总分(J 部分),以及具体问题,力求达成一个判断的共识(或者,如果这种共识不可能达成的话,那么就把各个团队成员的得分加全平均)。

5. 把 A、B、C 三个部分的得分加总,得出需求部分的总分;把 E 至 I 部分的得分加总,得到能力部分的总分。

6. 根据图 A-1,判断你的企业属于哪种类型:脆弱型、警惕型、聚焦型或者神经质型?需求部分的总分和能力部分的总分将会确定你的企业在图中的定位。在需求部分,96 分是高低的分界线,能力部分 80 分是高低的分界线。

7. 如果你的企业属于警惕型或者聚焦型,那么尽管环境中的变化因素会对企业保持警惕性的要求有所提高,但是目前不需要采取任何行动。如果你的企业属于神经质型,那么就该想办法集中注意力。如果你的企业是脆弱型,那么就需要积极地培养更好地掌控周边视野的能力,可以从这项测试中列出的问题以及本书中讨论的各种战略入手。

8. 你可以在线参加网站 www.thinkdsi.com 进行的调查,比较你的企业和其他 150 多家公司的基础数据。

图 A-1 周边视野和环境

		能力强弱 (战略规划、企业文化、组织结构、企业能力)	
		低(<80)	高(>80)
掌控周边视野的需求 (环境的复杂性和动荡性及战略的积极性)	高(>96)	脆弱型	警惕型
	低(<96)	聚焦型	神经质型

战略眼光测试

你的企业的周边视野是否需要改变,这要依照你目前的能力以及对周边进行扫描的要求来定,而你的需求又是由现有战略、业务特点和行业环境共同影响的。

我们根据下面的战略眼光测试的具体分值,来评估你的企业掌控周边视野的需求。请尽量真实和完整地回答下列问题。

评估工具 A-1　战略眼光测试

在开始回答调查问卷之前,请先选择你所选取的组织视角:

A) 战略业务单元

B) 部门

C) 整个企业

D) 其他

第一部分:你对掌控周边视野的需求

A. 战略的性质			
1. 战略焦点	狭窄(更加保护的小众型)	1 2 3 4 5 6 7	宽广(全球型)
2. 成长导向	温和有机的	1 2 3 4 5 6 7	积极进取的
3. 要整合的业务数量	少	1 2 3 4 5 6 7	多
4. 关注创新	少	1 2 3 4 5 6 7	多(3年来,50%的利润必须是来自于新产品)

附录 A

B.环境的复杂性			
1.行业结构	竞争对手少,而且容易识别	1 2 3 4 5 6 7	竞争对手多,而且来源出乎意料
2.渠道结构	简单直接	1 2 3 4 5 6 7	渠道长,而且结构复杂
3.市场结构	边界固定,市场细分很简单	1 2 3 4 5 6 7	边界模糊,市场细分很复杂
4.核心技术	少而且成熟(简单的系统)	1 2 3 4 5 6 7	很多技术融合在一起(复杂的系统)
5.规章制度(国家的、各州的等等)	数量少或者很稳定	1 2 3 4 5 6 7	数量多或者经常变化
6.行业的公众关注度(媒体)	不太被关注	1 2 3 4 5 6 7	媒体或者特殊利益人群密切关注
7.对政府及其资金支持的依赖性	低:经营基本上不依赖政府	1 2 3 4 5 6 7	高:对政治和资金支持的大环境非常敏感
8.对全球经济的依赖性	低:聚焦国内,与国际隔离	1 2 3 4 5 6 7	高:深受国际环境的影响
C.环境的动荡度			
1.过去三年间发生的影响重大的事件的数量	无	1 2 3 4 5 6 7	三件或三件以上
2.以往预测的准确度	高:与实际情况差异很小	1 2 3 4 5 6 7	低:现实和预测差异很大
3.市场增长模式	缓慢、稳定	1 2 3 4 5 6 7	迅速,不稳定
4.成长机会	过去3年中已经大幅度下降	1 2 3 4 5 6 7	过去3年中已经大幅度增长
5.技术变化的速度和方向	可预见	1 2 3 4 5 6 7	不可预见

6.关键竞争者、供应商和合作方的行为	可预见性很强	1 2 3 4 5 6 7	可预见性很差
7.主要竞争对手的态度	和平共存	1 2 3 4 5 6 7	敌对(好斗)
8.对宏观经济因素的敏感性	对价格变化、货币、商业周期和关税等因素敏感度低	1 2 3 4 5 6 7	对价格变化、货币、商业周期和关税等因素敏感度高
9.对金融市场的依赖性	低	1 2 3 4 5 6 7	高
10.客户和渠道力量	低	1 2 3 4 5 6 7	高
11.对社会变动现象的敏感性(例如时尚、价值观)	低:循序渐进地发生变化	1 2 3 4 5 6 7	高:业务模式发生重大变化的绝佳机会
12.未来5年内受到重创的可能性	低:预计不会出现什么意外;我们大多数情况下能够掌控局面	1 2 3 4 5 6 7	高:预计很可能出现重大的业务影响事件,而且我们目前尚不了解
D.自我评估对掌控周边视野的整体需求			
1.今天(目前)	低	1 2 3 4 5 6 7	高
2.过去5年内	低	1 2 3 4 5 6 7	高
3.未来5年内	低	1 2 3 4 5 6 7	高

第二部分:你对周边视野的掌控能力

E.领导的导向			
1.周边视野问题在企业领导的心目中的重要程度	不重要	1 2 3 4 5 6 7	重要

附录A

2.关注的整体时间	强调短期(两年及以内)	1 2 3 4 5 6 7	强调长期(5年及以上)
3.企业员工对周边视野的态度	有限、短视(很少有人关注)	1 2 3 4 5 6 7	活跃、好奇(系统化地探索周边视野)
4.愿意考验和挑战那些基本的假设	主要为防御型	1 2 3 4 5 6 7	非常愿意去测试关键的预设条件或普遍的看法

F.战略制订

1.制定旨在降低不确定性的战略的经验(例如,实物期权)	有限	1 2 3 4 5 6 7	丰富
2.使用情景思维方式指导战略的制订	从未用过	1 2 3 4 5 6 7	经常使用
3.结盟伙伴的数量	少	1 2 3 4 5 6 7	多
4.战略制定过程的灵活性	僵化、按日程安排进行、严格执行预算方案	1 2 3 4 5 6 7	灵活,整个过程注重以问题为导向
5.投入扫描周边视野的资源	极少	1 2 3 4 5 6 7	很多
6.将客户和竞争对手的信息融入未来的技术平台和新产品开发计划	整合程度很低、时有时无	1 2 3 4 5 6 7	系统、全面的整合

G.知识管理系统(特别是竞争对手的情报收集和客户数据库)

1.关于周边视野中发生的事件和趋势的数据质量	差:覆盖面有限,而且往往已经过时	1 2 3 4 5 6 7	优秀:范围很广,而且数据很新

2.企业各部门获取数据的难易程度	难:大家不太知道有哪些可用的资源	1 2 3 4 5 6 7	相对容易:大家普遍了解可用的资源
3.现有业务利用数据库的情况	有限	1 2 3 4 5 6 7	广泛
4.数据库查询技术	陈旧,难以使用	1 2 3 4 5 6 7	便于使用的查询系统
H.组织(结构和激励措施)			
1.感知和应对弱信号的责任落实	无人负责	1 2 3 4 5 6 7	责任清楚地落实到项目组或特别人员
2.早期预警体系和处理程序	无	1 2 3 4 5 6 7	广泛、有效的
3.鼓励和奖赏拓宽视野的激励措施	无	1 2 3 4 5 6 7	高层的认可,并直接奖励
I.企业文化(价值观、信念和行为)			
1.随时准备听取关于周边视野的观测报告	封闭:不鼓励听取意见	1 2 3 4 5 6 7	开放:鼓励听取意见
2.与客户直接联系市场信息的意愿	弱	1 2 3 4 5 6 7	强
3.各部门间共享周边视野信息的情况	差:忽视信息或隐藏信息	1 2 3 4 5 6 7	好:在多个层次员工中不断地共享信息
J.企业把握周边视野的整体能力			
1.目前	低	1 2 3 4 5 6 7	高
2.5年以前	低	1 2 3 4 5 6 7	高

战略眼光测试的结果比较

我们在设计战略眼光测试的时候,参考了很多文献,包括我们对评

附录 A

估企业能力的研究,尤其是企业感知市场和掌控不确定性方面的能力(其中部分将在附录 B 中加以介绍)。我们开发的衡量指标旨在克服调查方法中一个常见的问题,即不同的被访问者回答问题时,会回答不同的内容。通过对各个指标分值作出具体说明,我们帮助被访者明白我们的意思,这样他们的答案就可以落实到一个共同的框架内。

我们设计这个评估工具,希望它能够符合结构有效性、内部一致性以及外部有效性的普遍要求。[1] 我们为了更好地理解这种调查的深层结构,对来自于不同公司的 150 多位管理人员进行了访问,请他们做了这项战略眼光测试调查,这些管理者当时正在沃顿商学院(Wharton)以及欧洲工商管理学院(INSEAD)的欧洲继续教育中心(CEDEP)学习。除此之外,我们还从一个备受尊崇的全球性制造公司邀请了 50 位高管人员参加了测试(目的是评估企业内的测试结果)。

战略眼光测试揭示出围绕我们的两个核心概念,即需求和能力的各种观点,而且还列出了许多项目,虽然这些项目中有些部分相互重叠,或者与其他项目相关。我们保留了多个项目,我们承认,能力和环境两个问题中都会涉及相互嵌入和交织的许多方面。我们进行了标准方差旋转因子分析,结果证实这些项目之间并不存在明显的重叠现象。分析表明不存在非常清晰的深层结构,即少数基本因子可以很好地解释环境或能力要素。这两个要素都非常复杂,结构中都含有多个变量。因此,我们认为保留一系列项目更好,能够更全面地把握周边视野的多重性和复杂性。我们还增加了 D 部分(需求)和 J 部分(能力),以便得出综合的评价结果,并跨越时间段对它们进行比较。

最有趣的发现来自于个人对需求和能力两个项目的回答的回归分析,这些回答反映了参加调查的管理人员各自的总体判断。从统计学上讲,与未来 5 年中掌控周边视野的需求(D3)相关性最高的因素包括:

- C2：未来五年中遭到重创的可能性（7级评分中平均值为4.2，但是标准方差值为1.5）（$p<0.007$）
- A4：聚焦于创新（$p<0.02$）
- C6：关键竞争对手的行为（$p<0.06$）
- B7：依赖政府的资金支持（$p<0.08$）

与目前企业掌控周边视野的能力相关性最高的因素（1）包括：

- E3：（领导的导向部分中）企业员工对周边视野的态度（$p<0.004$）
- I3：信息共享（$p<0.05$）
- H3：鼓励和奖赏拓宽视野的激励措施（$p<0.05$）

我们这本书里的分析反映了这些相关因素，尤其是对周边视野掌控能力的构成要素的讨论（第七章）。

附录 B 理论综述

这个附录概括总结了我们这种方法的理论基础和背景。[1]据我们所知,还没有一个关于组织的周边视野的普遍接受的理论模型,所以我们综合了多个学科的思路和观点。[2]这些学科涉及的领域包括决策制定、市场营销、战略制定、组织理论、经济学,另外还有许多应用科学的领域,例如情景规划、竞争情报、市场调研、环境扫描、技术预测等等。

我们关于周边视野的概念模型是从组织学习的视角出发的,如图B-1所示。这个模型虽然反映的是组织学习的现实情况,但它揭示了我们写这本书的目的。[3]我们关于组织学习的这种方法结合了非常规范的拓展新知识的模型,以及前人说明个人和组织处理信息方法的描述性模型。[4]

我们的方法总体来说是直截了当的。我们假定个人是组织的接受体,而组织的内部流程最终决定着哪些问题会得到重视。严重的挑战存在于三个层面,即个人、团队和整个组织,它们要在合适的时间提出合适的问题,要很好地理解这些问题,我们把各种已知的个人在作判断与选择时存在的偏见,与企业的组织和战略机制整合起来。有两个主要的知识范例是我们分析周边视野的基础。第一个是关于个人和企业决策制订的信息处理范例;第二个是补充学习范例,它揭示了复杂企业对不断

附录 B

变化的环境的适应。首先让我们简略地介绍这两个范例,然后我们把这些范例与我们旨在改善周边视野掌控能力的具体模型联系在一起。

图 B-1　把对周边视野的掌控能力作为一个学习的过程

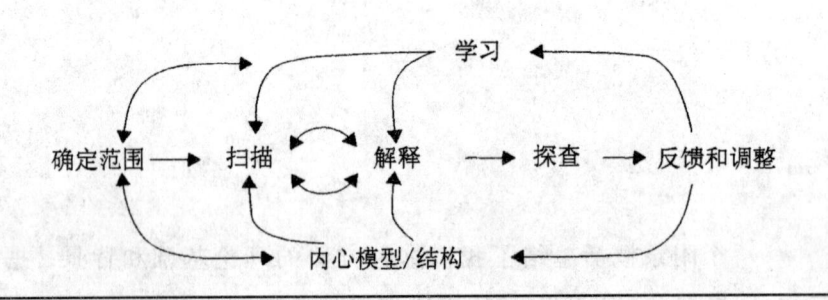

```
                    学习
        ┌─────────────────────┐
        ↓                      │
  确定范围 → 扫描 ⇄ 解释 → 探查 → 反馈和调整
              ↑    ↓              │
              └─ 内心模型/结构 ←──┘
```

信息处理范例

在艾伦·纽厄尔(Allen Newell)和赫伯特·A.西蒙(Herbert A. Simon)发表了关于人类的解决问题过程的经典著作之后,许多研究管理行为的学者就非常热衷于研究关于组织决策制订中信息处理问题。[5] 理查德·西尔特(Richard Cyert)和詹姆斯·马奇(James March)在其经典著作中应用了这个范例,后来詹姆斯·马奇、约翰·奥尔森(John Olsen)和其他许多学者也加以应用。[6] 詹姆斯·汤普森(James Thompson)、约翰·斯坦布鲁纳(John Steinbruner)和杰伊·加尔布雷思(Jay Galbraith)采用了控制论的观点,试图解释他们在不同市场和不同时间观察到的各种组织设计形式。[7] 与此相似,乔治·休伯(George Huber)也采用这个模型来解释组织的决策制定和战略。[8] 纽厄尔和西蒙的研究工作使信息处理模型在个人层面上取得了非常突出的发展,此时认知心理学家把大脑想象为一台计算机,具有有限的存储、检索和计算能力。[9] 丹尼尔·卡纳曼（Daniel Kahneman）和阿莫斯·特韦尔斯基（Amos Tversky）也采用了这种方法，来研究判断和选择过程中使用的搜索和估计行为的特点。[10]尽管人类的情绪与刻意或下意识的认知行为之间还有很多问题无法解释，但是，在认知心理学领域，人类推理过程中的启发式特点仍是一个最重要的问题。

在把这种方法应用于周边视野研究的时候，信息处理范例揭示出四个关键的步骤：感知、判断、行动和反馈。对于企业而言，这个过程中的各个阶段可以相互地被描述成信息获取、信息传播、意义共享、协调行动和集体学习。围绕这一基本框架，我们可以形成很多观点，这些观点反映了学习类型的不同（是适应型的还是自发型的？）、阶段数量的不同（信息的传播是否属于信息解释阶段？）、心理表征的角色不同（是属于模式识别还是有目的的选择）。关于一些问题，长期以来一直存在研究争议，每个阶段中有意感知和无意感知之间的融合；启发和偏见产生的影响；以及解释过程当中使用的略图、心智模型和其他的简化框架。

我们认识到企业在周边视野和核心视野中的学习行为存在差异，于是我们延长了基本过程，将确定范围（往哪里看的问题）明确地置于信息采集阶段或扫描阶段之前。如果企业采取的是坐等信息的方式，那么在初步范围内的扫描就是被动的；与之相反，如果组织采取的是有针对性的调查方式，那么这种扫描就是主动的。下一个步骤就是对信息进行传播和诠释，以获取有用的启示。最后，必须作出判断，明确这些信息应该立刻应用，还是应当先被储存起来，或是忽略不计。然后，无论采取的是何种行动，都要认真从中总结学习。在所有的阶段中，引领这个过程推进的就是一套企业核心的心智模型或结构。

附录 B

组织的学习范例

我们形成探究周边视野的方法的第二大理论基础就是组织的学习范例,这个理论有许多重要的前期研究,与信息处理的观点也有很多交汇点。彼得·森奇(Peter Senge)的《第五项修炼》一书可以被看做是一个转折点,它让更多的管理人员了解到了学习的重要性。[11] 森奇借鉴了库尔特·卢因(Kurt Lewin)、埃德加·沙因(Edgar Schein)、詹姆斯·马奇等前人的研究,并把这些研究和关于系统思维重要性的研究结合起来,形成了一个全面的关于学习型组织的理论。约翰·斯特曼(John Sterman)、克里斯·阿吉里斯(Chris Argyris)和其他一些学者的相关研究进一步将组织的学习能力确定为一种独特的获得知识的方式。他们基本的观点就是在动态环境中,组织的学习是一个复杂的过程,而不是简单和自动的过程。[12] 很多因素都会干扰企业了解事件发生及背后的原因,它们包括模棱两可的反馈、迟钝的反应、多重的局部因果推理、自利性的解释、数据的缺失、二元变量的因果影响、随机出现的干扰因素,以及控制的幻觉。

在我们加入了周边视野信号的低频率和模糊性特征之后,问题显得更加复杂了。希勒尔·艾因霍恩(Hillel Einhorn)和罗宾·霍格思(Robin Hogarth)等学者的研究已经表明,当人们面临包含未知风险的选择时,往往会表现出强烈的不确定性规避情绪。[13] 即使是糟糕的局面,人们也会希望是他们了解的局面,而不是不了解的局面。最终,在模糊不清的环境中,他们既无法很好地生存,又无法很好地学习。因为组织需要理性和可预见性,因此这种偏见在组织中会更加严重。然而,新的机会往往会与很高的不确定性并存,因此企业就需要极大地容忍这种模糊性。想要创建在复杂环境下学习的企业文化,就需要确立不同的管理规则和企业价值观,这不同于强化组织的主流文化。这样,组织的学习型文化和绩效型文化之间就产生了一个冲突,而高管人员必须在其间找到正确的平衡点。

为了强调学习在提高周边视野掌控能力中的重要作用,我们的模型中包含了多重反馈回路。我们努力把握个人和组织经历的复杂过程,包括从最初的刺激因素到最终的反应结果,这其中包括了很多重复性的学习。本书中,我们针对每个阶段和每个反馈,都详细地介绍了决策科学、组织理论、战略、营销和社会学等领域的观点和措施。虽然对个人和组织的学习已经有了大量的研究,但是这些学科中针对焦点视野所提出的建议很难应用到周边视野领域,因为在周边视野中,有意识的关注与推理是非常有限的。因此,我们把从上述学科领域得出的建议只看成是可以发挥有限指导作用的规范标准。

学习过程的步骤

虽然我们的研究主要吸取了有关信息处理和组织学习的前期成果,但是我们也参考了不同学科领域的研究成果,来明确学习过程的每个阶段(见图 B-1)。

确定范围

视野的范围应该确定到多大呢?从根本上讲,周边视野需要一个更广阔的范围,大于组织的核心领域。因此,关注周边视野就是要关注那些组织通常会忽视的很多领域。因为这种更宽的关注领域会加大成本,所以问题就是如何把视野范围扩大到恰好容纳企业所需的部分,但是又不至于过大(见图 B-2)。

附录 B

图 B-2　手电筒还是激光：范围和强度之间的取舍

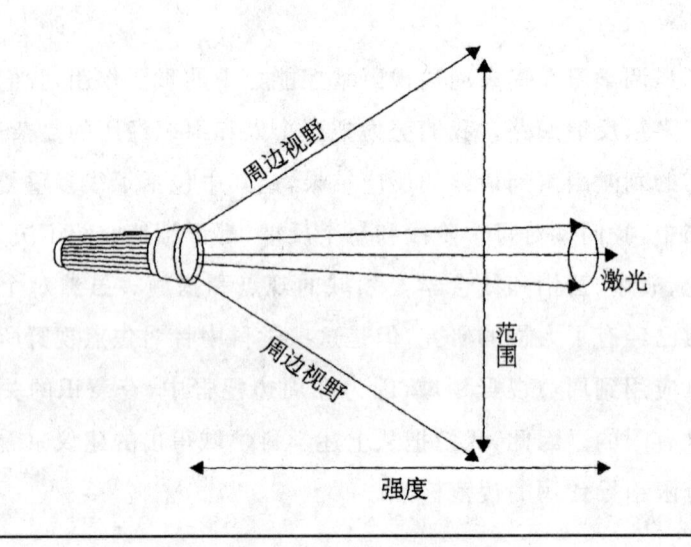

（图：显示手电筒光束的周边视野、范围、强度以及激光的示意图）

一般来说，环境的不确定性越强，来自周边视野的威胁出现的可能性就越大，企业也就越需要一个较广的周边视野。

确定范围与扫描决策与经济学和经营学中大量关于搜索规则的研究之间存在着非常重要的关联。20 世纪 60 年代早期，在乔治·施蒂格勒（George Stigler）撰写关于信息经济学的研究论文时，他研究了一个案例，在这个案例中，顾客试图找到一种普通的商品的最优价格。[14] 根据已知的概率分布，在不同商店价格不同，然后提出问题，在随机的前提下顾客要找到最优惠的价格，需要逛多少家商场？然后施蒂格勒计算了在顾客离开家之前，预计去逛的商场的最佳数量，在最合适数量对应的那一点，客户多逛一个商店的边际成本大于优惠价格带来的预期收益。其他的学者对施蒂格勒的研究进行了扩展，发现顾客在开始随机搜索过程之前，就确定要逛的商场个数，这是一种次优的选择。[15] 因为是根据预设的价格差异分布情况推论出固定的最优方案,所以取样的过程就会使价格分布出现变化。这样,最优战略就是按照贝叶斯因子修正法,在了解了另一家商场里商品价格之后,重新解决搜索问题。当然了,这种更加灵活的搜索规则复杂得多,但是它却能产生更好的效果。

  同样,确定范围和扫描的任务也是相关的。根据外部环境中相关信号的分布的现有信息,可以初步确定周边视野的范围大小。在此之后,企业就可以在此范围内进行扫描,并根据取样的情况,更深入地了解实际的信号中多少属于干扰因素。随后,如果采样数据与先验密度函数明显不符,那么就应该调整范围。为了实现最优的搜索,我们需要的是可变的规则,而不是固定不变的规则。

  我们甚至认为,企业应该超出其最优范围取样,目的就是验证这种范围确定的有效性。在设定的边界以外,应该发现信号多为干扰因素,否则的话,就应该重新设定边界。确定范围的所有决策都应该是暂时性的,在获取新信息的时候要进行修改。如果干扰因素多,那么这种持续更新就难以实现。这其中存在的问题与保险公司相似,当出现概率极低的事件时(例如百年不遇的洪水、大地震,或者某个核电站彻底倒塌等),此时保险公司就要根据极低的灾难性事件发生概率来更新它们的承保条款。最终在这种局面下,我们不得不依赖于高管人员的判断了。

  在企业确定学习的范围时,它需要进行初步的环境评估,以确定哪些方面可能出现威胁和机遇。基于情景假设的战略规划过程会是一个很有用的工具,它能够帮助确定范围,并了解来自周边视野的弱信号的意义,以及针对弱信号采取行动。[16]这样有助于从时间、市场、技术、经济、政治、法律、环境热点等因素出发,确定一个最合适的范围。

扫 描

  一旦范围确定下来,学习的过程就从扫描开始。这种扫描可以是开

附录 B

采式的,也可以是勘探式的。[17] 开采式的思维方式就是在明确的领域和比较熟悉的领域内有针对性地进行搜索。与此相比,勘探式的扫描强调更广阔的边界,使那些真正的学习型组织凭借强烈的好奇心来学习。[18] 此时的挑战在于要拥有开放的思想和开阔的视野。

勘探式的扫描可以是主动扫描,也可以是被动扫描。在被动方式下,管理团队是竖起触角,等待接受外界的信号。尽管看上去采用这种方法的组织能够把握周边视野,但实际上并非如此。因为他们接收到的大多数数据都是来自于熟悉的或者传统的信息来源,所以这种模式的扫描只会强化从前的观点,而不是挑战普遍的观念。这种消极态度的危险在于,它会过滤掉那些意外出现的弱信号,或者根本不接收这样的弱信号。

积极的扫描者会针对他们探索的周边视野,提出具体的问题。这种扫描是由假设条件所驱动的,如果涉及复杂的问题,就应该进行多重假设条件的检验。[19] 开展积极扫描的企业更有可能组织由外部和内部人员构成的搜索团队,采用多种方法。

勘探式扫描涵盖的范围更加广阔,但是没有那么细化,因此这种方法就更容易形成综合全面的观点。而相比之下,开采式的扫描方法要求我们更加深入,利用相关资源深入探究。开采式扫描和勘探式扫描的最佳平衡点在哪里呢?其中一个可行的方法,就是同时注意细节和大局,通过自上而下的有力观察,找出需要更多关注的区域。这种战略不仅需要获取资源,使企业能够在距离中心视野较远的区域中获取信息,而且它还需要建立一种机制,使得企业在需要的时候能够投入更多的关注。第三章中讨论的联邦调查局使用的"发散式视角"的方法,就是一个实例。

我们针对周边视野不同部位的扫描方法的分析(第三章)借鉴了前人的研究成果,其中包括:

- **客户和渠道。**乔治·戴（George Day）的《市场驱动的组织》（*The Market-Driven Organization*）在借鉴他人研究成果的基础上，概括出了一系列感知客户和渠道变化的方法。[20]例如，那些正在现有市场周边积极寻找新产品机会的企业，可以采用一些方法来挖掘潜在的需求，例如领先型客户分析法、比喻启发法等等。杰拉尔德·萨尔特曼（Gerald Zaltman）针对识别潜在需求也提供了各种方法。[21]很多研究机构采用各种指标和方法，发现那些由市场驱动的企业，往往比它们的竞争对手要有竞争力。[22]曾经有一项研究发现，市场驱动型的企业比以自我为中心的企业高出31%，而那些虽然保持以客户为导向，但未能关注竞争对手的企业，它们所实现的利润只比以自我为中心的企业高出18%。[23]
- **竞争对手和互补企业。**有大量的研究关注竞争对手的情报收集问题，这些研究主要是希望理解核心竞争对手的能力和意图。[24]我们在这些研究的基础上分析了如何关注周边视野中的竞争对手。
- **技术。**对新兴技术的扫描和开发有很多方法。我们的分析吸取了《沃顿论新兴技术管理》（*Wharton on Managing Emerging*）一书中介绍的学术专家和业内专家的宝贵见解，这本书是沃顿商学院的技术创新中心的研究成果。[25]

解 释

原则上讲，在对弱信号提出多种假说方面，组织应该比个人更加有效。但遗憾的是，现实中组织的意识通常都是引向单一的释义。我们解释信号的方法深受思维模式和固有观念的影响，反过来，这些方法又会影响我们的假设和未来的探索行为。因此，处理周边视野信号时的认知挑战要比处理核心问题严峻得多，因为周边视野的数据有限，而且更容

附录 B

易产生偏见和歪曲。例如，要对周边视野的机会和威胁进行评估，可能就要转变我们的固有思维模式。我们需要努力地提出崭新的创意，采用头脑风暴法预测未来的各种可能性。此时就需要一种与核心领域不同的信息过滤方法，比较灵活，比较松散。

具有讽刺意味的是，对周边视野的信号进行创造性解释遇到的一个最大的障碍就是，人们往往希望给本身很模糊的画面加上太多的条条框框。因为人类不喜欢模糊不清，所以往往会很快就形成一个观点。一旦这种观点形成了——正如视觉幻觉很快就集中到焦点一样，即使我们想回到从前，仿佛没有看到那幅景象，都是很困难的。不要轻易聚焦或下结论，要平衡不同的观点，这种能力是解读周边视野的关键。企业通常对本身很混乱的环境作出过于简单的评价。如果它们能够提出更多的看法，就会更好些。

探查和采取行动

虽然企业需要在广阔的范围内观察和解析，但是他们也需要更加谨慎，对来自周边视野的信号采取行动。正如第五章和第六章所讨论的那样，对来自周边视野的弱信号作出反应有三种主要的方法：[26]

- 观察和静候。这是一种被动的方法，这种方法适用的条件是因为周边视野存在相互矛盾的信息，所以不确定性很高，或者企业拥有足够的资源，使它可以采取快速跟随者战略，静观其他企业开拓的情况。正如康斯坦丁诺斯·马基迪斯（Constaninos Markides）和保罗·杰罗斯基（Paul Geroski）所指出的那样，在某些情况下，做一个"快速的第二名"要比"第一名"收效更好。[27]但是，这种态度面临一个挑战，那就是千万不要太过了，否则它就很容易变成企业忽略外部发展的一个借口。这样，企业就会变成了

"缓慢的跟随者"。此时真正的挑战就是如何根据潜在影响和相关的可能性来审视每一个弱信号。这就需要熟悉情况的人展开辩论，或者在情况变得特别复杂时，可能会需要进行一种全面的决策树分析（例如，涉及多重模糊因素以及下游的决策）。随着进一步挖掘或者随着时间的推移，出现了一些新信息，这些信息的价值就可以通过正式的方法来加以评估。[28]

- **探查和学习**。如果不确定性降低，或者静观其变这种方式带来的损失增加的话，那么企业就需要一种更加积极的方法。[29]这些方法包括借助先进的调研方法进行目标明确的市场探查，也包括为了获得新兴技术而商讨实物期权式投资协议。[30]这些举措的目的是为了创立或者获得实物期权。虽然评估期权需要花费时间和精力，但是一般情况下，企业并不会遇到投入过多或者规模过大的期权投资问题。最常见的情况是，企业苦于缺乏有创意的期权投资方案。本书无法对有效的头脑风暴法、创意产生或者期权方案制定所需的大量技术进行逐一探讨，但是这些方法能够有效地增加可供企业选择的期权投资方案的数目。[31]

- **坚信和领导**。如果是前途光明的一个机会，或者是危机迫在眉睫，那么企业就需要全方位地采取行动，而且现有信息足以支撑企业这样做。要证明这种很冒险的态度是有理的，企业就需要从周边视野收集信号，并寻求支持这种大胆行为的假设条件。除此之外，还要根据周边视野中那些模糊信息，来评估作为或不作为将招致的风险。

针对以上三种态度，企业都需要提高灵活应对各种情况的能力。有助于快速和灵活采取行动的方法包括：创建一种将感知和应对紧密结合的管理风格；通过快速原型法、小规模实验和网络协作的方法降低风险；

附录 B

在针对周边视野采取行动的时候,采取一种多方案的态度(设计多种方案,不要孤注一掷);还要锻炼组织的灵活性。

学习和调整

一旦我们采取了行动而且开始获得信息反馈,学习和调整的机会就会大大增加。婴儿伸手触摸他们看到的物体,他们用这种方法不断地调整视野,并作出其他的动作。而企业则是通过综合其行动、知识和反应,来理解周边环境。根据其收到的反馈意见类型的不同,企业要调整其对外界的根本看法,有可能企业还需要改变其核心视角。

由于企业的意识形成和决策过程受到管理者思维方式的影响很大,所以学习周边视野也要彻底转变这些固有的思维方法。周边视野中的学习过程不是用线性的收敛分析法来解决明确的问题,它需要横向的思维方法、提出否定性的问题、依靠直觉,并从多个角度来审视各种信息。这就需要有一个持续、反复的过程,不断地确定范围、扫描、解读、决策、学习和调整,在此过程中,个人和企业都在调整和改变其视野范围。这是个有很多反馈回路的非线性过程。目的在于让企业更好地理解当前的周边视野,而且在必要的时候聚焦于周边视野。

警惕型组织

企业拥有的能力是诸多整合的技能、技术和累积经验的集合体,这些因素都深深植根于企业内部,买不到,也模仿不来。[32]关于警惕型组织的分析源自我们的"战略眼光测试",还有众多关于处于巨变环境中的企业或者学习型组织的重要特征的研究。[33]戴维·德朗(David Delong)和利亚姆·费伊(Liam Fahey)分析了企业文化及其组成要素的重要性,包括价值观、规范、思维模式和行为等等。[34]不同类型的企业文化各有利弊,每一种文化都有不同的机制来应对变化的市场环境。[35]

其他的相关书籍

最后,这本书还借鉴了很多从不同角度看待周边视野的管理学书籍(包括竞争情报、市场调研、环境扫描和技术预测)。关注周边视野的重要意义已经在很多畅销书中被强调过,如克莱顿·克里斯滕森(Clayton Christensen)的《创新者的困境》、安迪·格罗夫(Andy Grove)的《只有偏执狂才能生存》、理查德·福斯特(Richard Foster)和萨拉·卡普兰(Sarah Kaplan)的《创造性的毁灭》(*Creative Destruction*)[36]。马尔科姆·格拉德韦尔(Malcolm Gladwell)在其所著的畅销书《引爆流行》(*The Tipping Point*)中,分析了具有边缘特征的产品、创意或者消息,就是因为人们之间存在非正式的联系,所以在社会上就像传染病一样,大肆流行。[37]还有一些书,例如韦恩·伯肯(Wayne Burkan)的《广角视野》(*Wind Angle Vision*),本·吉拉德(Ben Gilad)的《早期预警》(*Early Warning*),以及吉姆·哈里斯(Jim Harris)的《企业超感思维》(*Blind Sided*),也都对这个主题做了阐述[38]。

与此相关还有很多学术著作,如赵春伟(Chun Wei Choo)的《智慧型组织的信息管理》(*Information Management for the Intelligent Organization*)、卡尔·韦克(Karl Weick)的经典著作《组织中的意识塑造》(*Sensemaking in Organization*)、韦克和凯瑟琳·萨克利夫(Kathleen Sutcliffe)的新作《未知因素管理》(*Managing the Unexpected*)。[39]在哈里迪莫斯·楚卡拉斯(Haridimos Tsoukas)和吉尔·谢泼德(Jill Shepherd)合编的《管理未来——知识经济的前瞻》(*Managing the Future: Foresight in the Knowledge Economy*)一书中,他们收进了关于弱信号和意识塑造方面的多篇优秀论文。[40]蒂莫西·纳弗塔里(Timothy Naftali)的《盲点》(*Blind Spot*)一书中,对历史上政府出现过的盲点及其各种

附录 B

原因进行了分析。[41]这本全面的著作分析了为什么在一些事件中,负责国家安全的官员会忽略那些预警信号,这些事件包括 1972 年慕尼黑发生的奥运村大屠杀事件、1983 年贝鲁特发生的海军司令部爆炸案件,以及 2001 年的"9·11"惨剧。同时,作者还描述了一些被挫败的阴谋事件,包括 1944 年有人企图刺杀艾森豪威尔被挫败,以及政府拦截了恐怖分子在千禧年大典期间针对洛杉矶的恐怖行动。

克莱顿·克里斯滕森、斯科特·安东尼(Scott Anthony)和埃里克·罗思(Erik Roth)最近合著的《远见》(Seeing What's Next),旨在帮助管理者对破坏性的技术演变作出预测。[42]这本书明确了产业裂变的具体模式,而我们这本书则主要分析了企业为识别这些模式或者环境中发生的重大变化,需要培养的业务流程和具体能力。马克斯·巴泽曼(Max Bazerman)和迈克尔·沃特金斯(Michael Watkins)在其新书《未雨绸缪》(Predictable Surprise)中,探讨了导致信号流失的认知问题和社会条件,W. 钱·金和勒妮·莫博涅在《蓝海战略》(Blue Ocean Strategy)中,重点介绍了要开发未被产业内其他经营者发现的周边市场。[43]还有一些书,例如杰里·温德(Jerry Wind)和科林·克鲁克(Colin Crook)的《超越思维的力量》(The Power of Impossible Thinking),强调了在工作和生活中,思维方式对左右我们看问题的结果的重大影响。[44]

这些只是我们借鉴的一部分研究成果。我们在这里做个综述,并不是要把所有的成果都列出来——实际上,对于周边视野这样一个宽泛而且模糊的主题而言,要列出所有的相关研究几乎是不可能的。但是,我们希望通过这种简单的综述,对做这些研究的学者表达谢意,同时也为对这个问题有兴趣做进一步研究的读者指出方向。

附录C 关于企业视觉这一比喻的相关解释

比喻的方法是通过类比和想象,力求突出一些有趣现象的特征。我们都知道,人的视觉是一个复杂的过程,这个过程所涵盖的范围大大超出了组织本身,一直延伸到人脑中复杂的思维。与此相似,我们把企业看做一个复杂的实体,在这个实体中,信息输入形成意识,然后这些信号被整合成有意义的内容。因为在本书中,我们使用了周边视野这种比喻来探讨这个复杂的过程,所以在此让我们简要地介绍一下它的显著特点,及其存在的局限性。

当听到"周边视野"这个术语的时候,大部分人是把它和眼睛视野的角落联系在一起的。人们知道,这样的视野是不确切的,例如眼睛一瞥就是这样;而且人们也知道潜意识过程会决定我们是否转头,是否会注意到周围的信号。因为有许多的刺激点同时落在我们的周边视网膜上,所以我们很难注意到每一个刺激点。大脑深处的某种意识,决定了我们会关注什么,而这个过程往往会受到有限战略的限制。尽管如此,举例来说,在交通拥挤的城市开车的时候,除了汽车和摩托车,我们还要留心横穿马路的骑自行车的人、儿童和动物。因此,我们可以创建一个感知的战略领域,它既能影响我们视线可及的范围(即我们能看到的范围),

附录 C

又能影响形成我们意识到的周边信号。

视野的工作原理

位于注意力中央的核心视野与周边视野是不同的,认识到这一点很重要。正如图 C-1 所归纳的那样,信号的性质、解读的准确性和视野的其他特征都差别很大。中心视野和周边视野有不同的接收器官,各有不同的优势和劣势。从生理上来讲,视野的工作过程始于视杆细胞和视锥细胞的活动,视杆和视锥细胞对光都很敏感,但其工作方式不同。视锥细胞(用于中心视野)会提供色彩鲜明的清晰图像,而视杆细胞(用于周边视野)却无法感知色彩(这就是为什么我们在昏暗的光线下无法识别出物体的颜色)。人类拥有红色、蓝色和绿色的视锥细胞,用于吸收不同波长的光线。视杆细胞虽然不能显示出精确的图像,但其作为知觉的前哨,可以很好地勘测到我们视野周边区域中的运动图像,不断寻找着值得进一步关注的信号。

这些实实在在的器官只是一部分。视野是一个非常复杂的过程。当光线照射在眼睛上,大量的视杆细胞和视锥细胞没有什么过滤就作出了反应。[1]我们可以把从视野领域看到的最初的图像比做电脑显示屏上的像素,它们拥有不同的亮度。在最初的知觉周期之后,是第二轮感知,此时,大脑在寻找确定图像的含义,此时大脑就像一台自动对焦相机,努力地在许多像素中找出一个目标。这第二轮具有非常明显的主观特点,因为它反映了人们的预期、希望和恐惧。它很大程度上依赖于模式识别,此时模式识别就像是一种思维软件。如果在日常生活中,你经常看到的是狗,而不是猫,那么在第二轮中,一种很模糊的刺激结果将更有可能把你看到的物体解释为狗。经过第一轮和第二轮感知之后,呈现出来的图像还经常会发生变化,原因是视野范围内不断发生变化(类似于帧